DAS MEDITATIONSHANDBUCH

Ebenfalls von Geshe Kelsang Gyatso

Einführung in den Buddhismus
Allumfassendes Mitgefühl
Sinnvoll zu betrachten
Das Klare Licht der Glückseligkeit
Herz der Weisheit
Buddhismus in der tibetischen Tradition
Freudvoller Weg
Führer ins Dakiniland
Herzjuwel
Große Schatzkammer der Verdienste
Das Bodhisattva-Gelübde
Tantrische Ebenen und Pfade
Den Geist verstehen
Ozean von Nektar

DAS MEDITATIONSHANDBUCH

Geshe Kelsang Gyatso

Tharpa Verlag
Zürich

Originaltitel: *The Meditation Handbook*

Erstveröffentlichung als *A Meditation Handbook* 1990
Zweite, vollständig überarbeitete Auflage 1993
Dritte Auflage 1995

Tharpa Publications
15 Bendemeer Road
London, SW15 1JX

Herausgeber:
Tharpa Verlag, Zürich
Dennlerstr. 38
CH-8047 Zürich

Übersetzung: Björn Clausen

Umschlagbild Buddha Shakyamunis mit freundlicher
Genehmigung des tibetischen Künstlers Chating Jamyang Lama
Gestaltung des Umschlags: Stefan Killen

Photo Geshe Kelsangs: Gerry Hale
Federzeichnungen von Andy Weber

Satz: Tharpa Verlag

ISBN 3-908543-00-2

Druck: Redwood Books, Trowbridge, Wiltshire, Großbritannien
Säurefreies Papier (Lebensdauer 250 Jahre)

Inhalt

DIE GROSSE AUSRICHTUNG

Illustrationen

Danksagung

Das Meditationshandbuch ist ein wichtiger, praktischer Ratgeber der buddhistischen Meditation. Es wurde vom Ehrwürdigen Geshe Kelsang Gyatso Rinpoche während eines Meditations-Retreats in Tharpaland, Schottland, verfaßt. Unser innigster Dank gilt dem Autor für seine große Güte, diese klaren Richtlinien für den spirituellen Pfad aufgezeichnet zu haben. Sie zeigen uns einen geradlinigen Weg, wie die wichtige Praxis der Meditation in unser tägliches Leben integriert werden kann.

Der Autor wurde in den frühen Phasen der Entstehung dieses Buches durch Michael Garside unterstützt. Das vollständige Manuskript wurde zur Schlußkorrektur an Gen Thubten Gyatso übergeben und vom Autor genau überprüft. Das Buch wurde dann durch Lucy James, Sherab Gyatso und andere Mitarbeiter von Tharpa Publications zur Veröffentlichung vorbereitet. Unser Dank für die ausgezeichnete Arbeit gilt allen diesen dem Autor ergebenen Schülern.

Möge dieses unschätzbare Handbuch vielen Lebewesen reines Glück bringen.

Roy Tyson, Direktor
Manjushri Mahayana
Buddhist Centre,
September 1993

Vorwort

Die einundzwanzig Meditationen, die in diesem Buch vorgestellt werden, sind die essentielle Praxis der Stufen des Pfades zur Erleuchtung (Lamrim auf tibetisch). Der Lamrim ist eine besondere Sammlung von Anweisungen, die alle essentiellen Lehren Buddha Shakyamunis beinhaltet. In dieser Anordnung können alle Hinayana- und Mahayana-Lehren Buddhas innerhalb einer einzigen Meditationssitzung praktiziert werden. Die Lamrim-Unterweisungen wurden vom großen indischen Meister des Buddhismus Atisha, der im Jahre 1042 von König Jang Chub Ö nach Tibet eingeladen worden war, zusammengestellt. Atisha verbrachte den Rest seines Lebens in Tibet und verbreitete den reinen Dharma. Die Überlieferungslinie dieser Lamrim-Anweisungen, die von Buddha Shakyamuni bis zu den gegenwärtigen Spirituellen Meistern reicht, ist vollständig rein und ungebrochen.

Zahlreiche große Kadampa-Lehrer sagten, daß es sehr viel wichtiger sei, Erfahrungen des Lamrims zu gewinnen, als Hellsicht, Wunderkräfte oder einen hohen sozialen Status zu erwerben. Das ist wahr, denn in vielen vergangenen Leben besaßen wir Hellsicht und starke Wunderkräfte, und oft hatten wir die höchsten Ränge im Menschen- und Götterbereich inne. Trotzdem erleben wir weiterhin unfreiwillige Wiedergeburten sowie körperliche und geistige Leiden, die durch Wut, Anhaftung, Neid und Verwirrung verursacht werden. Gewinnen wir eine tiefe Erfahrung des Lamrims, dann gibt es keine Grundlage für diese Schwierigkeiten; wir werden ganz und gar frei davon sein.

Zuerst müssen wir den Wert des Lamrims erkennen. Führen wir dann mit Freude und Geduld diese Meditationen aus, werden wir allmählich die Früchte der Lamrim-Praxis ernten. Schließlich werden wir die Freiheit von allen Leiden sowie den unveränderlichen Frieden und das Glück der vollen Erleuchtung erlangen.

Geshe Kelsang Gyatso
Tharpaland,
November 1989

Vorwort des deutschen Herausgebers

Die ursprüngliche Übersetzung dieses kostbaren Buches wurde dank der ausgezeichneten Arbeit von Gabriela Eichholzer und Andrea Schumacher wesentlich verbessert. Gen Kelsang Nyima bereitete anschließend den Text für die Veröffentlichung vor. Unser Dank geht an diese und andere Schüler des Autors für ihre wertvolle Hilfe.

Da dieses Buch ein Ratgeber für die Meditationspraxis ist, sind die Erklärungen der verschiedenen Lamrim-Themen sehr einfach und kurz gehalten. Für diejenigen, die den Lamrim eingehender studieren möchten, empfiehlt sich das Buch *Freudvoller Weg* von Geshe Kelsang Gyatso, das einen ausführlichen Kommentar zu den Stufen des Pfades gibt.

Möge die Praxis des Lamrims im deutschsprachigen Raum gedeihen.

Kadam Björn Clausen,
Dr. Henk Goorhuis,
Vajradhara Zentrum,
Zürich
Mai 1995

TEIL EINS

Grundlagen und Vorbereitungen

Buddha Shakyamuni

Einleitung

WAS IST MEDITATION?

Meditation ist eine Methode, um unseren Geist mit Tugend vertraut zu machen. Je vertrauter unser Geist mit Tugend ist, desto ruhiger und friedlicher wird er. Wenn unser Geist friedlich ist, sind wir frei von Sorgen und geistigem Unbehagen. Wir erleben wahres Glück. Wenn wir unseren Geist darin schulen, friedlich zu sein, werden wir uns immer glücklich fühlen, selbst unter den widrigsten Umständen. Ist unser Geist jedoch unfriedlich, dann können wir uns in den angenehmsten äußeren Umständen befinden und werden trotzdem nicht glücklich sein. Deshalb ist es wichtig, unseren Geist durch Meditation zu schulen.

Es gibt zwei Arten der Meditation: analytische Meditation und verweilende Meditation. Überdenken wir den Sinn einer Dharma-Anweisung, die wir gehört oder gelesen haben, so üben wir die analytische Meditation aus. Durch tiefes Nachdenken über diese Anweisung werden wir schließlich zu einer Erkenntnis gelangen, oder es entsteht ein besonderer, tugendhafter Geisteszustand. Dies ist das Objekt der verweilenden Meditation. Haben wir unser Objekt durch analytische Meditation gefunden, konzentrieren wir uns einsgerichtet so lange wie möglich darauf, um eine tiefe Vertrautheit mit ihm zu gewinnen. Diese einsgerichtete Konzentration ist die verweilende Meditation. Oft wird analytische Meditation «Kontemplation» und verweilende Meditation

«Meditation» genannt. Die verweilende Meditation hängt von der Kontemplation ab, und diese beruht auf dem Hören oder Lesen der Dharma-Anweisungen.

DIE MEDITATIONSOBJEKTE

Im allgemeinen kann jedes tugendhafte Objekt als Objekt der Meditation dienen. Entdecken wir, daß unser Geist durch Vertrautwerden mit einem bestimmten Objekt friedvoller und tugendhafter wird, ist dies ein Hinweis darauf, daß dieses Objekt für uns tugendhaft ist. Geschieht das Gegenteil, ist es ein nichttugendhaftes Objekt für uns. Viele Objekte sind neutral und haben keine besondere positive oder negative Wirkung auf unseren Geist.

Es gibt viele verschiedene tugendhafte Meditationsobjekte; die bedeutungsvollsten sind aber diejenigen, die in diesem Buch dargelegt werden: die Visualisierung der Versammlung aller Buddhas und Bodhisattvas (vgl. Seite 23) und die Objekte der einundzwanzig Meditationen, beginnend mit «Sich auf einen Spirituellen Meister verlassen» bis zur Meditation über Leerheit, die endgültige Natur der Phänomene.

Indem wir uns auf einen qualifizierten Spirituellen Meister verlassen, öffnen wir das Tor zur Dharma-Praxis. Durch die Segnungen unseres Spirituellen Meisters entwickeln wir Vertrauen und Zuversicht in unsere Meditationspraxis und erlangen leicht alle Verwirklichungen der Stufen des Pfades. Aus diesen Gründen müssen wir die Meditation «Sich auf einen Spirituellen Meister verlassen» ausüben.

Wir müssen über unser kostbares menschliches Leben meditieren, um zu erkennen, daß wir jetzt eine besondere Gelegenheit für die Dharma-Praxis besitzen. Wenn wir das großartige Potential dieses Lebens zu schätzen wissen, werden wir es nicht mit sinnlosen Tätigkeiten verschwenden. Wir müssen über Tod und Vergänglichkeit meditieren, um unser Zögern zu überwinden und um sicherzustellen, daß unsere Dharma-Praxis rein ist, indem wir unsere übermäßige Beschäftigung mit weltlichen Belangen überwinden. Wenn wir Dharma auf reine Art ausüben, ist es nicht sehr schwierig, Verwirklichungen zu erlangen. Meditieren wir über die Gefahr einer niederen Wiedergeburt, nehmen wir aufrichtig Zuflucht, vermeiden wir Nichttugend und praktizieren wir Tugend, so schützen wir uns vor einer niederen Wiedergeburt. Wir können dadurch sicherstellen, in kommenden Leben eine kostbare menschliche Wiedergeburt mit allen der Dharma-Praxis förderlichen Voraussetzungen zu erlangen.

Wir müssen über die Leiden der Menschen und Götter meditieren, um den spontanen Wunsch nach dauerhafter Befreiung oder Nirvana zu entwickeln. Dieser Wunsch, genannt «Entsagung», ermutigt und bestärkt uns, die Praxis der spirituellen Pfade zu vollenden, die eigentlichen Methoden, um vollkommene Befreiung zu erlangen.

Wir müssen über Liebe, Mitgefühl und Bodhichitta meditieren, um unsere Selbst-Wertschätzung zu überwinden und ein «gutes Herz» für alle Lebewesen zu entwickeln und zu bewahren. Mit diesem «guten Herzen» müssen wir über Ruhiges Verweilen und Höheres Sehen meditieren, damit wir unsere Unwissenheit beseitigen und schließlich ein Buddha werden können, indem wir die zwei Arten von Behinderungen aufgeben.

Neben diesen gibt es noch viele andere Meditationsobjekte. Wenn wir zum Beispiel über den Atem meditieren wollen, können wir dies mit der Praxis des Nehmens und Gebens verbinden (vgl. Seite 97-98 und 103-105), oder wir können die Atemmeditation mit der Rezitation des Mantras aller Buddhas vereinigen, wie es in Anhang I erklärt wird. Diese beiden Meditationen sind sehr sinnvoll. Nehmen wir uns zuviel Zeit für gewöhnliche Atemmeditation, dann haben wir vielleicht zuwenig Zeit für unsere Hauptpraxis, die Meditation über die Stufen des Pfades.

DEN WUNSCH ENTWICKELN ZU MEDITIEREN

Wenn wir unser Leben betrachten, entdecken wir wahrscheinlich, daß der größte Teil unserer Zeit und Energie für weltliche Ziele verwendet wird. Wir streben materielle und emotionale Sicherheit an, geben uns Sinnenfreuden hin oder sind bemüht, einen guten Ruf zu erlangen. Obwohl diese Dinge uns für kurze Zeit glücklich machen können, vermögen sie uns die tiefe und beständige Zufriedenheit nicht zu geben, nach der wir uns sehnen. Früher oder später wandelt sich unser Glück in Unzufriedenheit, und wir befinden uns wieder auf der Suche nach weiteren weltlichen Vergnügen. Direkt oder indirekt verursachen weltliche Vergnügen geistiges und körperliches Leiden, indem sie Anhaftung, Neid und Frustration verstärken. Zudem geraten wir auf der Suche nach der Erfüllung unserer Wünsche oft in Konflikt mit anderen Lebewesen.

Wenn nun wahre Erfüllung nicht in weltlichen Vergnügen gefunden werden kann, wo können wir sie finden? Glück ist ein Zustand des Geistes. Also entspringt die wahre Quelle des Glücks im Geist, nicht in äußeren Umständen. Wenn unser Geist rein und friedvoll ist, werden wir unabhängig von unseren äußeren Umständen glücklich sein. Ist unser Geist aber unrein und ohne Frieden, werden wir niemals Glück finden, wie sehr wir uns auch bemühen, unsere äußeren Bedingungen zu verändern.

Das Ziel der Dharma-Praxis ist es, Geisteszustände zu entwickeln, die Frieden und Wohlbefinden fördern und diejenigen, die das nicht tun, zu beseitigen. Nur Menschen sind dazu fähig. Tiere können Nahrung und Sex genießen, ein Zuhause finden und Schätze horten; sie können ihre Feinde unterwerfen und ihre Familie beschützen, doch sie sind außerstande, sich vollständig von Leiden zu befreien und dauerhaftes Glück zu finden. Es wäre sehr schade, wenn wir unser kostbares menschliches Leben nur für solche Ziele einsetzen würden, die selbst Tiere erreichen können. Wollen wir unser Leben nicht verschwenden und den wahren Zweck unserer menschlichen Geburt erfüllen, dann müssen wir uns der Praxis des Lamrims widmen.

DER ZWECK DER MEDITATION

Gemäß den Lamrim-Anweisungen können wir eine Meditationspraxis auf drei verschiedenen Motivationsebenen ausüben. Auf der ersten Ebene, mit der Motivation der anfänglichen Ausrichtung, praktizieren wir mit der Absicht, uns vor der Gefahr einer Wiedergeburt in niederen Bereichen zu schützen, indem wir uns für zukünftige Leben eine kostbare menschliche Wiedergeburt mit allen für die Dharma-Praxis notwendigen Voraussetzungen sichern. Auf der zweiten Ebene, mit der Motivation der mittleren Ausrichtung, praktizieren wir mit der Absicht, uns vor jeder Art unkontrollierter Wiedergeburt zu schützen, indem wir Befreiung aus Samsara erlangen. Auf der dritten Ebene, mit der Motivation der großen Ausrichtung, praktizieren wir mit der Absicht, die volle Erleuchtung oder Buddhaschaft zu erlangen, um allen Lebewesen zu nützen. Diese drei Ebenen der Motivation bauen aufeinander auf. Indem wir Meditationen mit der Motivation der anfänglichen Ausrichtung ausüben, schaffen wir die Grundlage für das Fortschreiten zur zweiten Ebene. Praktizieren wir die Meditationen mit der Motivation der mittleren Ausrichtung, schaffen wir die Grundlage für das Fortschreiten zur dritten Ebene. Alle essentiellen Übungen dieser drei Ausrichtungen sind in den einundzwanzig Meditationen enthalten, die in diesem Buch vorgestellt werden.

FÜR DIE MEDITATION ERFORDERLICHES WISSEN

Die Meditationen dieses Buches setzen den Glauben an Wiedergeburt oder Reinkarnation voraus. Eine kurze Erklärung des Vorganges von Tod und Wiedergeburt sowie der Bereiche, in denen wir wiedergeboren werden können, mag daher hilfreich sein.

Der Geist ist weder körperlich, noch ist er ein Nebenprodukt rein körperlicher Prozesse. Er ist ein formloses Kontinuum, das eine vom Körper getrennte Einheit darstellt. Wenn sich der Körper nach dem Tod zersetzt, hört der Geist nicht zu existieren auf. Zwar endet unser oberflächlicher, bewußter Geist, doch nur, weil er sich in eine tiefere Bewußtseinsebene auflöst, in den sehr subtilen Geist. Das Kontinuum des sehr subtilen Geistes ist ohne Anfang und ohne Ende. Es ist dieser Geist, der sich, wenn er vollständig gereinigt ist, in den allwissenden Geist eines Buddhas umwandelt.

Jede Handlung, die wir ausführen, hinterläßt in unserem sehr subtilen Geist eine Prägung. Jede dieser Prägungen läßt früher oder später entsprechende Auswirkungen entstehen. Unser Geist ist wie ein Acker und die Handlungen, die wir ausführen, sind wie Samen, die wir auf diesem Acker säen. Tugendhafte Handlungen setzen Samen von zukünftigem Glück, nichttugendhafte Handlungen setzen Samen von zukünftigem Leid. Die Samen, die wir in der Vergangenheit gesät haben, ruhen in unserem Geist, bis die für die Keimung notwendigen Bedingungen zusammenkommen. Dies kann in einigen Fällen erst viele Leben nach der ursprünglichen Handlung geschehen.

Sehr wichtig sind die Samen, die zum Zeitpunkt unseres Todes reif werden. Sie bestimmen die Art der Wiedergeburt, die wir erlangen werden. Welcher besondere Same im Moment des Todes heranreift, hängt vom Geisteszustand ab, in dem wir sterben. Sterben wir mit einem friedlichen Geist, wird ein tugendhafter Same angeregt, und wir werden eine glückliche Wiedergeburt erleben. Sterben wir jedoch in einem unfriedlichen Geisteszustand, zum Beispiel voller Wut, so wird ein nichttugendhafter Same angeregt, und wir werden eine unglückliche Wiedergeburt erlangen. Dies ist vergleichbar mit dem Vorgang, wie Alpträume ausgelöst werden, wenn wir uns kurz vor dem Einschlafen in einem unruhigen Geisteszustand befinden.

Dieser Vergleich ist nicht zufällig gewählt, denn der Vorgang von Schlafen, Träumen und Aufwachen ist dem Prozeß von Tod, Zwischenzustand und Wiedergeburt sehr ähnlich. Wenn wir einschlafen, sammeln sich unsere groben inneren Winde und lösen sich nach innen auf. Unser Geist wird zunehmend subtiler, bis er sich in den sehr subtilen Geist des Klaren Lichtes des Schlafes umwandelt. Während das Klare Licht des Schlafes manifest ist, befinden wir uns in tiefem Schlaf und sehen für Außenstehende wie tot aus. Wenn es endet, wird unser Geist zunehmend gröber, und wir durchschreiten die verschiedenen Ebenen des Traumzustandes. Schließlich werden unser normales Erinnerungsvermögen und die Fähigkeit der geistigen Kontrolle wiederhergestellt, und wir wachen auf. Wenn das geschieht, verschwindet unsere Traumwelt, und wir nehmen die Welt des Wachzustandes wahr.

Ein sehr ähnlicher Vorgang spielt sich während unseres Todes ab. Wenn wir sterben, lösen sich unsere Winde nach innen auf, und unser Geist wird zunehmend subtiler, bis sich der sehr subtile Geist des Klaren Lichtes des Todes manifestiert. Die Erfahrung des Klaren Lichtes des Todes ist der Erfahrung des tiefen Schlafes sehr ähnlich. Wenn das Klare Licht des Todes aufhört, erfahren wir die Stadien des Zwischenzustandes oder Bardos auf tibetisch, eines traumähnlichen Zustandes, der zwischen Tod und Wiedergeburt eintritt. Nach wenigen Tagen oder

Wochen endet der Zwischenzustand, und wir werden wiedergeboren. So wie die Traumwelt beim Erwachen aus dem Schlaf verschwindet und wir die Welt des Wachzustandes wahrnehmen, so enden mit der Wiedergeburt die Erscheinungen des Zwischenzustandes, und wir nehmen die Welt unseres nächsten Lebens wahr.

Der einzige bedeutsame Unterschied zwischen dem Vorgang des Schlafens, Träumens und Erwachens und dem Vorgang des Sterbens, des Zwischenzustandes und der Wiedergeburt besteht darin, daß nach der Beendigung des Klaren Lichtes des Schlafes die Beziehung zwischen unserem Geist und unserem gegenwärtigen Körper intakt bleibt, wogegen diese Beziehung nach dem Klaren Licht des Todes abbricht.

Im Zwischenzustand haben wir verschiedene Visionen, die aus den karmischen Samen entstehen, die unmittelbar vor dem Tod aktiviert wurden. Wurden negative Samen aktiviert, dann sind die Visionen alptraumhaft. Die Aktivierung positiver Samen führt zu überwiegend angenehmen Visionen. Sobald die karmischen Samen, seien sie positiv oder negativ, genügend ausgereift sind, zwingen sie uns zur Wiedergeburt in einem der sechs Bereiche Samsaras.

Die sechs Bereiche sind wirkliche Orte, an denen wir wiedergeboren werden können. Sie entstehen durch die Kraft unserer Handlungen. Es gibt drei Arten von Handlungen: körperliche Handlungen, sprachliche Handlungen und geistige Handlungen. Da unsere körperlichen und sprachlichen Handlungen ihren Ursprung in unseren geistigen Handlungen haben, werden die sechs Bereiche letztlich durch unseren Geist erschaffen. Ein Höllenbereich zum Beispiel ist ein Ort, der als Ergebnis der schlimmsten Handlungen, wie Mord oder außerordentliche geistige oder körperliche Grausamkeit, entsteht, und diese ihrerseits hängen von den am stärksten verblendeten Geisteszuständen ab.

Um ein geistiges Bild der sechs Bereiche zu erhalten, vergleichen wir sie mit den Stockwerken eines großen, alten Hauses. In diesem Vergleich symbolisiert das ganze Haus Samsara, den Kreislauf von Tod und Wiedergeburt, dem alle gewöhnlichen Wesen ohne Wahl oder Kontrolle unterworfen sind. Das Haus besteht aus einem Erdgeschoß, einem ersten und zweiten Stockwerk sowie drei Untergeschossen. Verblendete fühlende Wesen gleichen den Bewohnern dieses Hauses. Sie sind in ständiger Bewegung, gehen nach oben und nach unten. Manchmal wohnen sie in den oberen Stockwerken und manchmal in den Untergeschossen.

Das Erdgeschoß entspricht dem menschlichen Bereich. Über diesem, im ersten Stockwerk, befindet sich der Bereich der Halbgötter. Halbgötter sind nichtmenschliche Wesen, die andauernd in kriegerische Auseinandersetzungen mit den Göttern verwickelt sind. An Kraft und Wohlstand sind sie den Menschen überlegen, doch sind sie so von Neid und Gewalt besessen, daß ihr Leben wenig spirituellen Wert besitzt.

Im obersten Stock leben die Götter. Die niederen Klassen der Götter, die Götter des Begierdebereiches, leben in Saus und Braus, geben sich dem Müßiggang hin und verbringen ihre Zeit mit Vergnügungen und der Befriedigung ihrer Wünsche. Obwohl sie in paradiesischen Umständen leben und eine sehr lange Lebensspanne besitzen, sind sie doch nicht unsterblich. Früher oder später fallen auch sie in niedere Bereiche zurück. Da ihr Leben von Ablenkungen erfüllt ist, fällt es ihnen schwer, die nötige Motivation für eine Dharma-Praxis zu finden. Aus spiritueller Sicht ist deshalb ein menschliches Leben weitaus sinnvoller.

Höher als die Götter des Begierdebereiches sind die Götter des Formbereiches und des formlosen Bereiches. Die Götter des Formbereiches haben alle sinnlichen Begierden überwunden und erfahren eine verfeinerte

Glückseligkeit der meditativen Versenkung. Sie besitzen Körper aus Licht. Die Götter des formlosen Bereiches transzendieren selbst diese feinen Formen und verweilen formlos in einem subtilen Bewußtseinszustand ähnlich dem unendlichen Raum. Innerhalb Samsaras besitzen sie den reinsten und erhabensten Geist; trotzdem haben sie die Unwissenheit des Festhaltens am Selbst, die Wurzel Samsaras, noch nicht überwunden. So endet schließlich auch ihr Leben, und nachdem sie während Äonen Glückseligkeit erfahren haben, werden auch sie wieder in einem der niederen Bereiche Samsaras geboren. Wie die anderen Götter brauchen sie die in der Vergangenheit angesammelten Verdienste auf und machen nur geringe oder gar keine spirituellen Fortschritte.

Die drei oberen Stockwerke werden die «glücklichen Bereiche» genannt, weil die Lebewesen, die dort wohnen, relativ angenehme Erfahrungen haben. Diese Erfahrungen werden durch die Praxis von Tugend verursacht. In den Untergeschossen befinden sich die drei niederen Bereiche, die das Ergebnis negativer Handlungen von Körper, Rede und Geist sind. Im Tierbereich, der dem ersten Untergeschoß entspricht, sind die Erfahrungen am wenigsten schmerzhaft. Dieser Bereich umfaßt alle Säugetiere, außer den Menschen, sowie Vögel, Fische, Insekten und Würmer, kurz, das ganze Tierreich. Der Geist der Tiere ist durch äußerste Dummheit gekennzeichnet, ohne das geringste spirituelle Bewußtsein, und ihr Leben ist voller Angst und Brutalität.

Im mittleren Untergeschoß leben die Hungrigen Geister. Die Hauptgründe für eine Wiedergeburt in diesem Bereich sind Gier und negative Handlungen, die durch Geiz motiviert sind. Die Folge solcher Handlungen ist extreme Armut. Die Hungrigen Geister leiden ständig unter Hunger und Durst, ohne diese je stillen zu können. Ihre Welt ist eine riesige Wüste. Finden sie zufälligerweise doch einmal einen Tropfen Wasser oder etwas

Essen, so löst sich dies wie eine Luftspiegelung auf, oder es verwandelt sich in etwas Abstoßendes wie Eiter oder Urin. Erscheinungen dieser Art sind Auswirkungen von negativem Karma und einem Mangel an Verdiensten.

Im untersten Kellergeschoß befindet sich der Höllenbereich. Hier leiden die Wesen unter endlosen Qualen. Einige Höllen bestehen aus Flammenmeeren, andere sind trostlose Eiswüsten, umgeben von ewiger Dunkelheit. Furchtbare Monster, heraufbeschworen durch den Geist der Höllenwesen, fügen diesen schreckliche Qualen zu. Diese Leiden scheinen unbarmherzig bis in alle Ewigkeit anzudauern. Doch schließlich erschöpft sich das Karma, das die Geburt im Höllenbereich verursacht hat. Die Höllenwesen sterben und werden anderswo in Samsara wiedergeboren.

Dies ist ein allgemeines Bild von Samsara. Seit anfangsloser Zeit sind wir in Samsara gefangen und irren ohne Freiheit oder Kontrolle sinnlos in den verschiedenen Bereichen umher, von den himmlischen Gefilden bis zu den tiefsten Höllen. Manchmal weilen wir bei den Göttern in den oberen Etagen, und manchmal befinden wir uns in einer menschlichen Wiedergeburt im Erdgeschoß. Die meiste Zeit jedoch sind wir in den Kellergeschossen und müssen schreckliche körperliche und geistige Qualen erdulden.

Obwohl Samsara einem Gefängnis gleicht, gibt es ein Tor, durch das wir entkommen können. Dieses Tor ist Leerheit, die endgültige Natur der Phänomene. Schulen wir uns in den spirituellen Pfaden, die in diesem Buch aufgezeigt sind, werden wir schließlich den Weg zu diesem Tor finden. Wenn wir durch dieses Tor hindurchschreiten, werden wir entdecken, daß das Haus nur eine Illusion war, eine Kreation unseres unreinen Geistes. Samsara ist kein äußeres Gefängnis; es ist ein Gefängnis, das durch unseren eigenen Geist erschaffen wird. Samsara wird niemals von selbst aufhören. Nur wenn wir mit großem Eifer den wahren spirituellen Pfad praktizieren und dadurch unser Festhalten am Selbst und andere Verblendungen beseitigen, können wir unser Samsara beenden. Haben wir selbst Befreiung erlangt, werden wir fähig sein, anderen den Weg zu zeigen, wie sie ihr geistiges Gefängnis durch die Beseitigung ihrer Verblendungen zerstören können.

Praktizieren wir die in diesem Buch vorgestellten einundzwanzig Meditationen, werden wir allmählich unsere verblendeten Geisteszustände überwinden können, die uns in Samsara gefangen halten. Zudem werden wir alle Qualitäten entwickeln, die nötig sind, um die volle Erleuchtung zu erlangen. Die ersten sieben Meditationen dienen vor allem der Entwicklung von Entsagung, dem Entschluß, Samsara zu entfliehen. Die zwölf darauffolgenden Meditationen helfen uns, tief empfundene Liebe und Mitgefühl für alle Lebewesen zu entwickeln. Sie führen uns zur Erkenntnis, daß wir andere Lebewesen nur aus Samsara befreien können, wenn wir zuerst Erleuchtung erlangen. Das größte Hindernis zur Erlangung von Befreiung und Erleuchtung ist das Festhalten am Selbst, eine tiefverwurzelte, falsche Auffassung davon, wie die Dinge existieren. Die Hauptfunktion der letzten beiden Meditationen besteht darin, dieser falschen Vorstellung entgegenzuwirken und sie schließlich zu beseitigen.

WIE MAN MEDITIERT

Jede der einundzwanzig Meditationen besteht aus fünf Teilen: Vorbereitung, Kontemplation, Meditation, Widmung und anschließende Praxis. Die vorbereitenden Übungen bereiten unseren Geist für eine erfolgreiche Meditation vor, indem sie Hindernisse reinigen, die durch unsere früheren negativen Handlungen verursacht worden sind, sie reichern unseren Geist mit Verdiensten an und beflügeln ihn durch die Segnungen der Buddhas und Bodhisattvas. Diese vorbereitenden Übungen werden zu Beginn jeder Meditationssitzung in Verbindung mit den kurzen Gebeten, die im nächsten Abschnitt beschrieben werden, ausgeübt. Es ist nützlich, diese Gebete auswendig zu lernen. Für Interessierte sind im folgenden Abschnitt auch Erklärungen der Gebete sowie Anweisungen zur Errichtung eines Altars und die korrekte Meditationshaltung aufgeführt. Haben wir das Gefühl, keine Fortschritte in unserer Meditation zu machen, sollten wir uns nicht entmutigen lassen, sondern das Schwergewicht darauf legen, die vorbereitenden Übungen rein und aufrichtig zu praktizieren.

Den zweiten Teil jeder Meditationssitzung bildet die Kontemplation. Der Zweck der Kontemplation ist, das Objekt der verweilenden Meditation ins Bewußtsein zu bringen. Dies wird durch das Überdenken verschiedener Argumente, das Betrachten von Gleichnissen und Nachdenken über die Schriften erreicht. Es ist von Vorteil, die Kontemplationen jedes Abschnittes auswendig zu lernen. So können wir die Meditation ausführen, ohne im Text nachschauen zu müssen. Die aufgeführten Kontemplationen sind nur als Richtlinien gedacht. Wir sollten diese mit Begründungen und Beispielen, die für uns hilfreich sind, ergänzen und bereichern.

Wenn aufgrund der Kontemplation das Objekt klar erscheint, hören wir mit der analytischen Meditation auf und konzentrieren uns einsgerichtet auf das Objekt. Diese einsgerichtete Konzentration ist der dritte Teil, die eigentliche Meditation.

Zu Beginn unserer Meditationspraxis ist unsere Konzentration schlecht. Wir werden leicht abgelenkt und verlieren oft das Objekt der Meditation. Deshalb müssen wir am Anfang wahrscheinlich mehrmals in jeder Sitzung zwischen Kontemplation und verweilender Meditation abwechseln. Meditieren wir beispielsweise über

Mitgefühl, betrachten wir zuerst die verschiedenen Leiden der Lebewesen, bis die Empfindung von starkem Mitgefühl in unserem Herzen entsteht. Wenn dieses Gefühl entstanden ist, meditieren wir mit einsgerichteter Konzentration darüber. Läßt das Gefühl nach oder schweift unser Geist zu einem anderen Objekt ab, gehen wir zurück zur analytischen Meditation, um das Gefühl in unserem Geist wiederherzustellen. Haben wir das Gefühl von neuem entwickelt, beenden wir wiederum unsere analytische Meditation und halten das Gefühl mit einsgerichteter Konzentration.

Kontemplation wie auch Meditation sind Methoden, um unseren Geist mit tugendhaften Objekten vertraut zu machen. Je vertrauter wir mit solchen Objekten werden, desto friedvoller wird unser Geist. Durch die Schulung in Meditation und durch eine Lebensführung in Übereinstimmung mit den gewonnenen Erkenntnissen und Vorsätzen werden wir schließlich fähig sein, das ganze Leben lang einen friedvollen Geisteszustand aufrechtzuerhalten. Ausführlichere Angaben über die Kontemplationen und Meditation im allgemeinen können in den Büchern *Einführung in den Buddhismus, Freudvoller Weg* und *Allumfassendes Mitgefühl* gefunden werden.

Der vierte Teil jeder Meditationssitzung besteht aus der Widmung. Die Widmung lenkt die Verdienste, die wir in unserer Meditation erzeugt haben, auf die Erlangung der Buddhaschaft. Werden die Verdienste nicht gewidmet, können sie durch Wut leicht zerstört werden. Durch die aufrichtige Rezitation der Widmungsgebete am Schluß jeder Meditationssitzung können wir sicherstellen, daß die Verdienste, die durch die Meditation erschaffen wurden, nicht verschwendet werden, sondern als Ursache für die Erleuchtung wirken.

Der fünfte Teil jeder Meditationspraxis ist die anschließende Praxis. Diese besteht aus Ratschlägen, wie wir die Meditation in unser tägliches Leben integrieren können.

Es ist wichtig, uns daran zu erinnern, daß die Dharma-Praxis nicht nur ausgeübt wird, wenn wir auf unserem Meditationskissen sitzen. Die Dharma-Praxis sollte unser ganzes Leben durchdringen. Es sollte keine Kluft zwischen unserer Meditationspraxis und unserem täglichen Leben entstehen, da der Erfolg unserer Meditation davon abhängt, wie rein unser Verhalten außerhalb der Meditationssitzungen ist. Wir sollten unseren Geist ständig beobachten und Achtsamkeit, Wachsamkeit und Gewissenhaftigkeit anwenden und versuchen, alle schlechten Gewohnheiten aufzugeben. Eine tiefe Erfahrung des Dharmas ist das Ergebnis der praktischen Schulung innerhalb und außerhalb der Meditation über einen langen Zeitraum hinweg. Wir sollten beharrlich und sanft praktizieren, ohne schnelle Ergebnisse erzielen zu wollen.

Zusammenfassend kann unser Geist mit einem Acker verglichen werden. Das Praktizieren der vorbereitenden Übungen gleicht den Vorbereitungen, die einer erfolgreichen Saat vorausgehen. Die Hindernisse, die durch frühere negative Handlungen verursacht wurden, werden vom Acker entfernt, durch Verdienste wird der Acker fruchtbar gemacht und durch die Segnungen der heiligen Wesen wird er bewässert. Kontemplation und Meditation entsprechen dem Aussäen von guten Samen. Die Widmung und die anschließende Praxis sind die Methoden, um die Ernte unserer Dharma-Verwirklichungen zur Reife zu bringen.

Lamrim-Anweisungen werden nicht erteilt, damit wir zu einem rein intellektuellen Verständnis des Pfades zur Erleuchtung gelangen. Die Anweisungen werden gegeben, um uns zu einer tiefen Erfahrung zu verhelfen, und sollten daher in die Praxis umgesetzt werden. Durch die tägliche Schulung unseres Geistes in diesen Meditationen werden wir schließlich vollkommene Verwirklichungen aller Stufen des Pfades erlangen. Bis wir diese Stufe erreicht haben, sollten wir beharrlich mündliche

Unterweisungen über Lamrim anhören oder authentische Kommentare des Lamrims lesen, um danach über die erhaltenen Anweisungen nachzudenken und zu meditieren. Wir müssen unser Verständnis dieser essentiellen Themen ständig erweitern und dieses neu gewonnene Verständnis verwenden, um unsere tägliche Meditation zu vertiefen.

Wenn wir den innigen Wunsch haben, Erfahrungen der Stufen des Pfades zu gewinnen, sollten wir versuchen, jeden Tag zu meditieren. Am ersten Tag können wir die Meditation «Sich auf einen Spirituellen Meister verlassen», am zweiten Tag die Meditation «Unser kostbares menschliches Leben» ausführen und so weiter, bis wir nach einundzwanzig Tagen den ganzen Zyklus abgeschlossen haben. Dann können wir erneut von vorne beginnen. Zwischen den einzelnen Sitzungen sollten wir versuchen, die Anweisungen der anschließenden Praxis in Erinnerung zu behalten. Wenn wir die Gelegenheit haben, sollten wir ab und zu einen Lamrim-Retreat (Meditation in Zurückgezogenheit) ausüben. In Anhang III wird ein Zeitplan für einen Retreat vorgeschlagen. Praktizieren wir auf diese Weise, nutzen wir unser ganzes Leben, um unsere Erfahrung der Stufen des Pfades zu erweitern.

Die vorbereitenden Übungen

VORBEREITUNGEN FÜR DIE MEDITATION

Wir alle besitzen das Potential, jede der einundzwanzig Meditationen dieses Buches zu verwirklichen. Dieses Potential gleicht den Samen auf dem Feld unseres Geistes, und unsere Meditationspraxis gleicht der Aufzucht dieser Samen. Unsere Meditationspraxis wird aber nur erfolgreich sein, wenn wir uns gut darauf vorbereiten.

Wollen wir Pflanzen ziehen, müssen wir sorgfältige Vorbereitungen treffen. Als erstes entfernen wir alles, was das Wachstum der Pflanzen behindern könnte, wie zum Beispiel große Steine und Unkraut. Zweitens reichern wir den Boden mit Kompost oder Dünger an, um ihm die Kraft zu geben, das Wachstum zu unterstützen. Drittens sorgen wir für Wärme und Feuchtigkeit, damit die Samen keimen und die Pflanzen wachsen können. Ähnlich verhält es sich mit der Entwicklung unseres inneren Potentials. Um Dharma-Verwirklichungen ernten zu können, müssen wir mit sorgfältigen Vorbereitungen beginnen. Zuerst müssen wir unseren Geist reinigen, um das negative Karma zu beseitigen, das wir in der Vergangenheit angesammelt haben. Reinigen wir unser negatives Karma nicht, so wird es das Wachsen unserer Dharma-Verwirklichungen behindern. Zweitens müssen wir, indem wir Verdienste ansammeln, unserem Geist die Kraft geben, das Wachstum der Dharma-Verwirklichungen zu unterstützen. Drittens brauchen wir die Segnungen der heiligen Wesen, um das

Wachstum der Dharma-Verwirklichungen anzuregen und aufrechtzuerhalten.

Es ist außerordentlich wichtig, Segnungen zu empfangen. Bebauen wir zum Beispiel Felder, wird nichts wachsen, selbst wenn wir Unkraut jäten und den Boden gut düngen, sorgen wir nicht auch für Wärme und Feuchtigkeit. Dies ermöglicht das Keimen der Samen, unterstützt das Wachstum der Pflanzen und läßt schließlich die Frucht reifen. Genau gleich verhält es sich mit unseren Meditationen: Wenn wir nicht die Segnungen der heiligen Wesen erhalten, wird es schwierig sein, erfolgreiche Meditationen zu haben, selbst wenn wir unseren Geist reinigen und Verdienste ansammeln. Das Empfangen von Segnungen wandelt unseren Geist um, indem unser tugendhaftes Potential aktiviert, das Wachstum unserer Dharma-Verwirklichungen unterstützt und unsere Dharma-Praxis zur Vollendung gebracht wird.

Daraus können wir ersehen, daß es drei essentielle Vorbereitungen für die erfolgreiche Meditation gibt: Reinigen von Negativität, Ansammeln von Verdiensten und Empfangen von Segnungen. Die folgenden kurzen, vorbereitenden Übungen enthalten die Essenz dieser drei Vorbereitungen.

Das Reinigen der Umgebung

Bevor wir uns zur Meditation hinsetzen, ist es nützlich, wenn wir dafür sorgen, daß der Meditationsplatz sauber ist. Eine saubere Umgebung verleiht dem Geist Klarheit und Frische. Außerdem werden wir im Verlauf der vorbereitenden Übungen die Versammlung aller Buddhas, Bodhisattvas und anderer heiliger Wesen einladen, in unseren Raum zu kommen, um als Feld für die Ansammlung von Verdiensten zu dienen. Als Zeichen des Respektes sorgen wir für ein sauberes und aufgeräumtes Zimmer.

Das Errichten eines Altars

Wenn möglich sollten wir einen Altar mit Darstellungen von Körper, Rede und Geist Buddhas errichten. In die Mitte des Altars stellen wir ein Bild oder eine Statue, die den Körper von Buddha darstellt. Zu ihrer Rechten legen wir einen Dharma-Text als Symbol für die Rede Buddhas, und zu ihrer Linken stellen wir eine Stupa oder das Bild einer Stupa auf, die den Geist Buddhas repräsentiert. Mit dem Bewußtsein, daß Buddhas allwissender Geist wirklich in diese Objekte eintritt und wir uns in der Gegenwart des lebendigen Buddhas befinden, sollten wir uns verbeugen und Gaben darbringen.

Wenn wir es wünschen, können wir wirkliche Gaben vor dem Altar aufstellen, wie zum Beispiel Reihen von je sieben Wasserschalen oder alles, was rein und schön ist, wie zum Beispiel Blumen, Räucherwerk, Kerzen, Honig, Kuchen, Schokolade oder Früchte. Weitere Hinweise zum Aufstellen eines Altars und zur Darbringung von Gaben können in *Freudvoller Weg* gefunden werden.

Die Meditationshaltung

Wenn wir diese Vorbereitungen abgeschlossen haben, können wir uns zur Meditation hinsetzen. Wenn möglich sollten wir in der Vajra-Haltung sitzen. Sind wir mit dieser Haltung nicht vertraut, können wir jede andere angenehme Sitzhaltung einnehmen. Können wir nicht mit gekreuzten Beinen sitzen, setzen wir uns auf einen Stuhl. Die Hauptsache ist, unseren Rücken gerade zu halten, damit die subtilen Energiewinde in unserem Körper frei fließen können und unser Geist wachsam bleibt. Unsere Hände sollten sich etwas unterhalb des Nabels befinden, die Handflächen sind offen und nach oben gerichtet. Dabei liegt die rechte Hand in der linken, und die beiden Daumenspitzen berühren sich leicht.

Den Geist zur Ruhe bringen

Bevor wir mit den eigentlichen vorbereitenden Gebeten beginnen, sollten wir unseren Geist durch Atemmeditation zur Ruhe bringen. Wir atmen ganz natürlich ein und aus und versuchen, uns auf unseren Atem zu konzentrieren, ohne daß wir uns durch begriffliche Gedanken ablenken lassen. Beim Ausatmen stellen wir uns vor, daß alle Negativität, Hindernisse und ablenkenden Gedanken unseren Körper in Form von schwarzem Rauch verlassen. Beim Einatmen stellen wir uns vor, daß die Segnungen aller heiligen Wesen in der Form von reinem, weißem Licht in uns hineinfließen. Wir fahren mit dieser Meditation für einige Minuten oder so lange fort, bis unser Geist ruhig und friedvoll geworden ist. Wenn wir es möchten, können wir die in Anhang I erklärte besondere Atemmeditation benutzen.

Die verbleibenden vorbereitenden Übungen werden in Verbindung mit den kurzen Gebeten ausgeführt, die am Ende dieses Kapitels stehen. Der Zweck der Rezitation dieser Gebete ist es, unseren Geist auf die besondere Meditationspraxis zu lenken. Die Gebete werden nun kurz erläutert.

Zuflucht nehmen Wir erzeugen Angst vor den Leiden Samsaras im allgemeinen und vor einer Wiedergeburt in den niederen Bereichen im besonderen. Mit dem tiefen Vertrauen, daß die Drei Juwelen die Macht haben, uns vor allen diesen Leiden zu schützen, nehmen wir Zuflucht zu Buddha, Dharma und Sangha, während wir das Zufluchtsgebet rezitieren. Die eigentliche Praxis der Zufluchtnahme wird in der fünften Meditation erklärt.

Bodhichitta entwickeln Zwei wichtige Dinge sollten wir betonen, wenn wir meditieren: unsere Motivation zu Beginn und die Widmung am Schluß. Mit dem Erzeugen der Bodhichitta-Motivation, dem Wunsch, Buddhaschaft zu erlangen, um allen Lebewesen zu helfen, sollten wir beginnen. Mit dieser Motivation rezitieren wir das Bodhichitta-Gebet. Wenn wir den Zyklus der einundzwanzig Meditationen praktizieren, wird unsere Vertrautheit mit Bodhichitta und Zuflucht ganz natürlich wachsen.

Die Vier Unermeßlichen erzeugen Die Vier Unermeßlichen sind vier besondere Geisteshaltungen, die unseren Bodhichitta stärken. Unermeßliche Liebe ist der Wunsch, daß alle Wesen glücklich sind. Unermeßliches Mitgefühl ist der Wunsch, daß alle Wesen frei von Leiden sind. Unermeßliche Freude ist der Wunsch, daß alle Wesen die unvergängliche Freude der Befreiung erlangen. Unermeßlicher Gleichmut ist der Wunsch, daß alle Wesen frei von unausgeglichenen Geisteshaltungen wie Anhaftung und Wut sind. Sie werden «unermeßlich» genannt, weil diese Geisteshaltungen mit dem Gedanken an alle Lebewesen erzeugt werden und deren Zahl unermeßlich ist.

Die Visualisierung des Feldes für die Ansammlung von Verdiensten Das Feld für die Ansammlung von Verdiensten ist die Versammlung der Buddhas, Bodhisattvas und anderer heiliger Wesen. Zu ihnen nehmen wir Zuflucht, vor ihnen machen wir Verbeugungen und Bekenntnisse, ihnen bringen wir Gaben dar und so weiter. Wir stellen uns vor, daß sich alle im Raume vor uns befinden. In der Mitte ist Buddha Shakyamuni, das Hauptobjekt unserer Visualisation. Alle anderen heiligen Wesen umgeben ihn wie Sterne den Vollmond. Sie werden «Feld für die Ansammlung von Verdiensten» genannt, weil wir durch das Darbringen des siebengliedrigen Gebetes und des Mandalas Verdienste in unserem Geist ansammeln. Am Anfang sollten wir nicht erwarten, daß wir die ganze Versammlung visualisieren können. Es genügt der einfache Gedanke, daß alle im Raum vor uns anwesend sind.

Das siebengliedrige Gebet Die sieben Glieder sind Methoden, um Negativität zu reinigen und Verdienste anzusammeln. Diese sind: Sich verbeugen, Gaben darbringen, Nichttugend bekennen, sich an Tugend erfreuen, die heiligen Wesen inständig bitten zu bleiben, Dharma-Unterweisungen erbitten und widmen der Verdienste. Sie werden «Glieder» genannt, weil sie unsere Meditation, den Hauptteil unserer Praxis, unterstützen. Durch sich verbeugen, Gaben darbringen, sich an Tugend erfreuen, die heiligen Wesen inständig bitten zu bleiben und das Erbitten von Dharma-Unterweisungen sammeln wir Verdienste an. Das Bekennen von Nichttugend reinigt Negativität, und das Widmen unserer Verdienste verhindert, daß unsere Tugend zerstört wird.

Sich zu verbeugen bedeutet Respekt zu zeigen. Mit unserem Körper können wir Respekt zeigen, indem wir körperliche Verbeugungen machen oder einfach die Hände vor unserem Herzen zusammenlegen. Mit unserer Rede können wir Respekt zeigen, indem wir Lobpreisungen rezitieren. Mit unserem Geist zeigen wir Respekt, indem wir Vertrauen in die heiligen Wesen erzeugen. Wenn möglich, sollten wir alle drei Formen des Verbeugens gleichzeitig ausüben. Diese Praxis dient auch der Verminderung unseres Stolzes.

Wie schon erwähnt, können wir Gaben darbringen, indem wir vor unserem Altar sieben oder mehr Wasserschalen aufstellen. Wir können auch andere Dinge verwenden: Alles ist geeignet, was schön und rein ist, wie zum Beispiel Blumen, Räucherwerk oder Früchte. Mit unserer Vorstellungskraft können wir Juwelenpaläste, Gärten, wohlriechende Bäder, sogar ganze Universen anbieten, alles in vollständiger Reinheit. Die Buddhas und Bodhisattvas brauchen unsere Geschenke nicht, aber das Darbringen von ausgedehnten Gaben hat eine sehr günstige Wirkung auf unseren Geist. Es erschafft eine riesige Menge an Verdiensten und wirkt Geiz entgegen.

Das Bekennen ermöglicht uns, negative Handlungen zu reinigen, die wir in der Vergangenheit ausgeführt haben. Wenn wir aufrichtig über Karma nachdenken und darüber meditieren, werden wir erkennen, daß wir schon unzählige, schwere negative Handlungen ausgeübt haben. Weil wir uns vor den Folgen dieser Handlungen fürchten, entsteht der starke Wunsch in uns, sie zu reinigen. Um negative Handlungen zu reinigen, müssen wir die Fehler dieser Taten erkennen und bereuen, sie begangen zu haben. Reue ist nicht das gleiche wie Schuld. Es ist ganz einfach der tiefe Wunsch, unseren Geist von der negativen Energie zu reinigen, die durch nichttugendhafte Taten entstanden ist. Mit tiefer Reue, all diese negativen Handlungen begangen zu haben, bekennen wir sie vor den heiligen Wesen. Auf diese Weise empfangen wir die reinigenden Segnungen aller Buddhas und Bodhisattvas. Mit den Geisteshaltungen von Reue und Vertrauen dient jede tugendhafte Handlung, die wir ausführen, der Reinigung. Wenn wir jede Meditationssitzung mit einem aufrichtigen Bekenntnis anfangen, wird die ganze Sitzung der Reinigung unserer angesammelten Negativität dienen. Um eine nichttugendhafte Handlung vollständig zu reinigen, bedarf es des Versprechens, diese nicht zu wiederholen. Es ergibt wenig Sinn, unsere negativen Handlungen zu bekennen, wenn wir nicht die Absicht haben, diese in Zukunft zu unterlassen.

Sich erfreuen bedeutet, unsere eigene Tugend und die Tugend anderer zu schätzen und uns daran zu erfreuen. Sich über Tugend zu freuen vergrößert unsere tugendhaften Neigungen und überwindet Neid und Konkurrenzdenken. Es ist zugleich einer der einfachsten Wege, um eine riesige Menge an Verdiensten zu erschaffen. Im Bett zu liegen und uns an den tugendhaften Taten anderer Menschen zu erfreuen, ist sogar eine kraftvolle spirituelle Praxis.

Wenn wir unseren Spirituellen Meister und alle anderen heiligen Wesen inständig bitten, bei uns zu bleiben, uns zu führen und zu inspirieren, so hilft uns das, in diesem und in zukünftigen Leben, eine starke Verbindung zu unserem Spirituellen Meister aufrechtzuerhalten.

Bitten wir die heiligen Wesen, das Dharma-Rad zu drehen, das heißt Dharma-Unterweisungen zu geben, so schaffen wir damit die Ursache dafür, daß der Dharma in dieser Welt erhalten bleibt und daß wir mit Sicherheit in unseren zukünftigen Leben dem Dharma begegnen werden.

Wie bereits erwähnt, ist die Widmung sehr wichtig, weil sie die in der Meditation angesammelten Verdienste auf das Erlangen der vollen Erleuchtung richtet. Sie bewahrt die Verdienste vor der Zerstörung durch Wut oder andere nichttugendhafte Geisteshaltungen, wie zum Beispiel falsche Sichtweisen. Wir führen die Widmung aus, indem wir eine starke geistige Absicht erzeugen, daß unsere Verdienste die Ursache für unsere Erleuchtung zum Wohle aller Lebewesen werden.

Wer daran interessiert ist, die sieben Glieder ausführlicher zu praktizieren, findet in *Freudvoller Weg* und im zweiten und dritten Kapitel von *Sinnvoll zu betrachten* einen ausführlichen Kommentar.

Die Mandala-Darbringung Die Mandala-Darbringung ist eine Methode, das ganze Universum in visualisierter Form darzubringen. Wir stellen uns vor, daß sich das ganze Universum in ein reines Buddha-Land verwandelt. Dieses bringen wir dem Verdienstfeld mit der Bitte dar, daß alle Lebewesen bald in einem solchen Reinen Land leben. Bringen wir ein Mandala dar, stellen wir uns vor, daß wir in unseren Händen eine riesige, runde Basis aus Gold halten. In der Mitte steht der Berg Meru, umgeben von den vier Inselkontinenten. Im Raum darüber befinden sich Sonne und Mond. Alles Reine und

Schöne ist im Mandala enthalten. Während wir die zweite Strophe der Mandala-Darbringung rezitieren, bieten wir alles an, was unsere Verblendungen hervorruft. Wir stellen uns vor, daß alle Menschen und alle Dinge, an denen wir haften, sowie alles, was in uns Haß und Verwirrung auslöst, sich in reine Wesen und reine Vergnügen verwandelt, die wir den Drei Juwelen darbringen. Durch die Umwandlung und Darbringung der Objekte der drei Gifte (Anhaftung, Haß und Verwirrung) entziehen wir den Verblendungen die Grundlage, auf der sie entstehen. Weitere Ausführungen zur Mandala-Darbringung sind in *Freudvoller Weg*, *Große Schatzkammer der Verdienste* und *Führer ins Dakiniland* zu finden.

Gebet der Stufen des Pfades Nachdem wir durch die Rezitation des siebengliedrigen Gebetes und die Mandala-Darbringung Negativität gereinigt und Verdienste angesammelt haben, bitten wir jetzt die heiligen Wesen, ihre Segnungen zu gewähren, damit wir alle Verwirklichungen der Stufen des Pfades empfangen. Wir bringen diese Bitte vor, indem wir das *Gebet der Stufen des Pfades* rezitieren, während wir uns einsgerichtet auf seine Bedeutung konzentrieren.

Empfangen von Segnungen und Reinigung Nachdem wir durch die Rezitation des *Gebetes der Stufen des Pfades* Bitten vorgebracht haben, stellen wir uns vor, daß Buddha Shakyamuni und alle anderen Buddhas und Bodhisattvas sehr erfreut sind. Buddha lächelt uns mit der Liebe an, die ein Vater seinem liebsten Kind entgegenbringt. Aus seinem Herzen fließen Licht- und Nektarströme herab, die durch unseren Scheitel in uns eintreten und unseren ganzen Körper erfüllen. Auf diese Weise wird unser Geist von allen Hindernissen gereinigt, die das Erlangen einer tiefen Meditationserfahrung des Themas, über das wir meditieren wollen, erschweren könnten. Unser Geist wird überaus klar, positiv und stark. Es ist wichtig, fest davon überzeugt zu sein, daß dies wirklich geschieht.

Kontemplation und Meditation Wir haben unseren Geist gereinigt, Verdienste angesammelt und Segnungen empfangen und sind nun bereit, unsere Kontemplation und Meditation gemäß den Anweisungen, die zu jeder Meditation gegeben werden, zu beginnen.

Wenn unser Geist während der Meditation stumpf und träge wird oder wenn andere Schwierigkeiten auftauchen, ist es ratsam, eine Pause zu machen und Gebete an die heiligen Wesen vor uns zu richten. Wir stellen uns vor, daß sie unsere Gebete mit kraftvollem Licht und segensreichem Nektar beantworten: Licht und Nektar strömen in unseren Körper ein und vertreiben sofort unsere Hindernisse. Dann fahren wir mit unserer Meditation fort.

Diese Vorbereitungen sind äußerst wichtig für eine erfolgreiche Meditation. Möchten wir mehr Zeit für die Vorbereitungen verwenden, so können wir die etwas ausgedehnteren Gebete, genannt *Essenz des Glücks*, rezitieren, die in *Freudvoller Weg* zu finden sind. Wenn wir es wünschen, können wir auch die Zufluchtnahme betonen, indem wir mehrere Hundert Zufluchtsgebete rezitieren, oder wir können Verdienste ansammeln, indem wir viele Mandalas darbringen, oder wir können die Reinigung betonen, indem wir Verbeugungen vor den fünfunddreißig Bekenntnis-Buddhas machen. Diese Praxis wird im Buch *Das Bodhisattva-Gelübde* erklärt. Auf diese Weise können wir, wenn es unser Wunsch ist, manchmal eine ganze Meditationssitzung nur für die vorbereitenden Übungen verwenden.

Widmung Am Ende unserer Sitzung stellen wir uns vor, daß alle heiligen Wesen zu Licht werden und sich durch unseren Scheitel in uns auflösen. Wir fühlen, daß unser Körper, unsere Rede und unser Geist mit Körper, Rede und Geist Buddhas eins geworden sind. Während wir das Widmungsgebet rezitieren, widmen wir die Verdienste, die wir durch die Praxis der Vorbereitungen, durch Kontemplation und Meditation angesammelt haben, dem Glück aller Lebewesen.

DIE VORBEREITENDEN GEBETE

Zuflucht nehmen

Wir stellen uns vor, gemeinsam mit allen anderen Lebewesen Zuflucht zu nehmen, und rezitieren dreimal:

Bis wir Erleuchtung erlangen, nehmen ich und alle fühlenden Wesen
Zuflucht zu Buddha, Dharma und Sangha.
(3x, 7x, 100x oder mehr)

Bodhichitta entwickeln

Möge ich aufgrund der Tugenden, die ich durch Geben und andere Vollkommenheiten ansammle,
Ein Buddha werden zum Wohle aller. (3x)

Die Vier Unermeßlichen erzeugen

Mögen alle glücklich sein.
Mögen alle frei von Leiden sein.
Möge niemand je von Glück getrennt sein.
Mögen alle Gleichmut besitzen, frei von Haß und Anhaftung.

Das Feld für die Ansammlung von Verdiensten visualisieren

Im Raume vor mir befindet sich der lebendige Buddha Shakyamuni, umgeben von allen Buddhas und Bodhisattvas gleich dem Vollmond inmitten von Sternen.

Das siebengliedrige Gebet

Mit Körper, Rede und Geist verbeuge ich mich in Demut.
Und bringe Gaben dar, sowohl vorhandene wie vorgestellte.
Ich bekenne meine falschen Taten, begangen seit anfangsloser Zeit,
Und erfreue mich an den Tugenden aller.
Bitte bleibt, bis Samsara endet,
Und dreht das Rad des Dharmas für uns.
Ich widme alle Tugenden der großen Erleuchtung.

Die Mandala-Darbringung

Den Boden mit Duftwasser besprengt und mit Blumen geschmückt,
Den großen Berg, vier Länder, Sonne und Mond,
Als Buddha-Land betrachtet bringe ich sie dar,
Mögen sich alle Wesen an solch Reinen Ländern erfreuen.

Ohne Gefühl von Verlust bringe ich die Objekte dar,
Die in mir Anhaftung, Haß und Verwirrung erzeugen,
Meine Freunde, Feinde und Fremde, unsere Körper und Vergnügen.
Bitte nehmt diese an und segnet mich, damit ich sofort von den drei Giften befreit werde.

IDAM GURU RATNA MANDALAKAM NIRYATAYAMI

Das Gebet der Stufen des Pfades

Der Pfad beginnt mit tiefem Vertrauen
Zum gütigen Lehrer, Quelle alles Guten.
O segne mich, damit ich dies verstehe,
Um ihm mit großer Hingabe zu folgen.

O segne mich, daß ich verstehen möge,
Die Seltenheit und Bedeutsamkeit dieses
Menschlichen Lebens mit allen Freiheiten
Und dann Tag und Nacht seinen Sinn erfasse.

Schnell wird mein Körper vergehen und sterben,
So wie eine Luftblase im Wasser.
Nach dem Tod reifen die Folgen des Karmas,
So wie der Schatten dem Körper folgt.

Segne mich, daß ich durch diese Gewißheit
Und diese Erinnerung sehr achtsam bin,
Stets schädliche Handlungen vermeide
Und eine Fülle von Tugend ansammle.

Die Vergnügen Samsaras sind täuschend,
Geben keine Zufriedenheit, nur Qualen.
Bitte segne mich, damit ich aufrichtig
Die Glückseligkeit vollkommener Befreiung erstrebe.

O segne mich, daß aus diesem reinen Gedanken
Achtsamkeit und größte Vorsicht entstehen,
So daß die Wurzel der Lehre, die Pratimoksha,
Als meine essentielle Praxis bewahrt sei.

Gleich mir ertrinken all meine gütigen Mütter
Im weiten Ozean Samsaras.
Segne mich, daß ich mich in Bodhichitta schule,
Damit ich sie bald erlösen kann.

Ohne drei Arten moralischer Disziplin
Kann ich jedoch kein Buddha werden.
O segne mich darum bitte mit der Kraft,
Den Bodhisattva-Gelübden zu folgen.

Durch das Überwinden meiner Ablenkungen
Und die Analyse vollkommener Bedeutungen,
Segne mich, die Vereinigung schnell zu erlangen,
Von Höherem Sehen und Ruhigem Verweilen.

Wenn ich durch allgemeine Wege
Zu einem reinen Gefäß werde,
Segne mich, in das höchste Fahrzeug Vajrayana,
Die essentielle Praxis des Glücks, einzutreten.

Die Grundlage der zwei Erlangungen sind
Heilige Gelübde und Verpflichtungen.
Segne mich, daß ich dies klar verstehe
Und sie noch höher schätze als mein Leben.

Durch beständige Praxis in vier Sitzungen,
Wie von den heiligen Lehrern erklärt,
Segne mich, daß ich beide Stufen vollende,
Welche die Essenz der Tantras sind.

Mögen alle, die mich auf dem Pfad führen
Und meine Gefährten lange leben.
Segne mich, damit ich alle Hindernisse,
Innere und äußere, überwinden kann.

Möge ich stets vollkommene Lehrer finden
Und mich am heiligen Dharma erfreuen,
Alle Ebenen und Pfade schnell vollenden
Und den Zustand Vajradharas erlangen.

Segnungen und Reinigung empfangen

Aus den Herzen aller heiligen Wesen fließen Licht- und Nektarströme herab, gewähren Segnungen und reinigen.

An dieser Stelle beginnen wir mit der eigentlichen Kontemplation und Meditation. Im Anschluß an die Meditation widmen wir unsere Verdienste, während wir folgende Gebete rezitieren:

Widmungsgebete

Mögen durch die Tugenden,
Die ich durch die Praxis der Stufen des Pfades angesammelt habe,
Alle Lebewesen die Gelegenheit finden,
Auf gleiche Weise zu üben.

Mögen alle Wesen das Glück
Von Menschen und Göttern erfahren
Und schnell Erleuchtung erlangen,
Damit Samsara schließlich endet.

TEIL ZWEI

Die einundzwanzig Meditationen

Medizin-Buddha

Die anfängliche Ausrichtung

1. SICH AUF EINEN SPIRITUELLEN MEISTER VERLASSEN

Sich aufrichtig auf einen qualifizierten Spirituellen Meister zu verlassen bildet die Grundlage aller spirituellen Erlangungen. Wir erzeugen in dieser Meditation eine feste Entschlossenheit, uns auf einen Spirituellen Meister zu verlassen, indem wir den großen Nutzen betrachten, den wir dadurch erfahren werden.

VORBEREITUNG

Wir nehmen Zuflucht, erzeugen eine besondere Bodhichitta-Motivation und führen die übrigen vorbereitenden Übungen aus, indem wir die kurzen Gebete auf den Seiten 30-33 rezitieren.

KONTEMPLATION

Wir denken: «Wenn ich mich aufrichtig auf einen Spirituellen Meister verlasse, wird er (oder sie) mich entlang dem spirituellen Pfad führen, dem einzig möglichen Weg, wie ich alle meine Probleme lösen und meinem Leben einen Sinn geben kann. Ich werde mich allmählich der Erlangung der vollen Erleuchtung nähern. Alle Buddhas werden mit mir hoch erfreut sein. Ich werde vor Schaden durch Menschen und nichtmenschliche Wesen beschützt. Es wird mir leicht fallen, Verblendungen und nichttugendhafte Handlungen aufzugeben. Meine praktische Erfahrung des spirituellen Pfades wird sich vertiefen. Nie mehr werde ich in den niederen Bereichen wiedergeboren werden. In allen meinen zukünftigen Leben werde ich gut qualifizierten Spirituellen Meistern begegnen. Alle meine tugendhaften Wünsche, sowohl nach guten Bedingungen innerhalb von Samsara als auch nach Befreiung und Erleuchtung, werden in Erfüllung gehen.»

MEDITATION

Wir überdenken diese Vorteile, bis wir zum Entschluß kommen, uns aufrichtig und mit tiefem Vertrauen auf einen Spirituellen Meister zu verlassen. Wir meditieren über diesen Entschluß so lange wie möglich.

WIDMUNG

Wir widmen alle Tugenden, die wir durch das Ausüben der vorbereitenden Übungen, der Kontemplation und der Meditation erzeugt haben, dem Wohl aller Lebewesen, indem wir die Widmungsgebete auf Seite 34 rezitieren.

ANSCHLIESSENDE PRAXIS

Während der Meditationspause sollten wir versuchen, unseren Spirituellen Meister zu erfreuen, indem wir aufrichtig seine (oder ihre) Anweisungen in die Praxis umsetzen. Wir sollten unser Vertrauen in unseren Spirituellen Meister vertiefen und insbesondere darum bemüht sein, negative Gedanken ihm (oder ihr) gegenüber zu vermeiden. Wenn wir den Wunsch haben, Dharma zu praktizieren, aber noch keinem Spirituellen Meister begegnet sind, sollten wir durch die Entschlossenheit, die wir während der Meditation erzeugt haben, ermutigt sein, einen qualifizierten Spirituellen Meister zu suchen, der uns in den Stufen des Pfades unterrichten und zur Erleuchtung führen kann.

2. UNSER KOSTBARES MENSCHLICHES LEBEN

Wenn wir diese Meditation ausüben, werden wir erkennen, daß unser menschliches Leben äußerst kostbar ist, weil es uns eine besondere Möglichkeit gibt, Dharma zu praktizieren. Wenn wir dies erkennen, werden wir den festen Entschluß fassen, unser Leben nicht zu verschwenden, sondern es für die reine Dharma-Praxis zu verwenden.

VORBEREITUNG

Wir nehmen Zuflucht, entwickeln eine besondere Bodhichitta-Motivation und führen die übrigen vorbereitenden Übungen wie zuvor aus.

ERSTE KONTEMPLATION

Zahllose Lebewesen werden als Tiere, Hungrige Geister und Höllenwesen wiedergeboren. Da diese Wesen in den niederen Bereichen ständig unvorstellbaren Leiden ausgesetzt sind, hat keines von ihnen die Möglichkeit, Dharma zu praktizieren. Unter denjenigen, die als Menschen geboren werden, gibt es viele, die keine Gelegenheit haben, die Lehre Buddhas zu hören oder auszuüben. Millionen von Menschen leben in Ländern, die keine Religion dulden. Manche Menschen haben falsche Sichtweisen und verneinen die Wiedergeburt, das Gesetz des Karmas oder die Existenz erleuchteter Wesen. Viele Menschen haben Behinderungen körperlicher oder geistiger Natur oder wurden durch Unfälle verkrüppelt. Manche Menschen leiden unter extremer Armut, unter Entbehrungen, sind in Kriege verwickelt oder leiden unter den Auswirkungen von Naturkatastrophen. Keiner dieser Menschen hat die Möglichkeit, dem spirituellen Pfad zu folgen. Mit dieser Erkenntnis sollten wir denken: «Im

König des klaren Wissens

Gegensatz zu all diesen leidenden Wesen erfahre ich keine solchen Behinderungen. Ich bin vom Glück begünstigt. Mir bietet sich die Gelegenheit, Unterweisungen im Buddhadharma zu hören, und ich kann sie in die Praxis umsetzen. Ich habe Vertrauen in die Unterweisungen. Ich bin im Besitz meiner vollen geistigen und körperlichen Kräfte, und es ist leicht für mich, alle anderen Voraussetzungen zu schaffen, um Dharma zu praktizieren.»

ERSTE MEDITATION

Wir überdenken diese Punkte, bis ein Gefühl tiefer Wertschätzung für die Kostbarkeit dieses menschlichen Lebens entsteht. Wir erkennen, daß es mit allen notwendigen Voraussetzungen für eine spirituelle Praxis ausgestattet ist. Mit dem Gedanken: «Ich bin vom Glück außerordentlich begünstigt», meditieren wir mit einsgerichteter Konzentration über dieses Gefühl tiefer Wertschätzung.

ZWEITE KONTEMPLATION

Wir denken: «Wenn ich dieses menschliche Leben gut nutze, indem ich Dharma praktiziere, werde ich alle Probleme dieses Lebens überwinden und mich vor einer niederen Wiedergeburt in der Zukunft schützen können. Durch die Praxis der Stufen des Pfades der mittleren Ausrichtung werde ich von unkontrollierter Wiedergeburt befreit werden und den Frieden der Befreiung erreichen. Praktiziere ich die Stufen des Pfades der großen Ausrichtung, werde ich die volle Erleuchtung erlangen und allen Lebewesen helfen können. Dieses menschliche Leben ist ein echtes wunscherfüllendes Juwel, denn ich kann damit meinen größten Wunsch erfüllen: mich und andere von jeder Art von Leiden zu befreien, so daß wir wahres Glück erfahren. Diesen Wunsch kann ich nur mit dieser menschlichen Form verwirklichen.»

ZWEITE MEDITATION

Wir überdenken diese Punkte, bis wir die feste Absicht haben: «Ich werde dieses kostbare menschliche Leben nutzen, um Dharma zu praktizieren, ohne auch nur einen einzigen Moment zu verschwenden.» Wir meditieren einsgerichtet über diese Absicht.

WIDMUNG

Wir widmen alle Tugenden, die wir in dieser Meditation erschaffen haben, dem Wohl aller Lebewesen, indem wir die Widmungsgebete rezitieren.

ANSCHLIESSENDE PRAXIS

In der Meditationspause bemühen wir uns, das Gefühl der Wertschätzung für unser kostbares menschliches Leben nie zu verlieren. Erinnern wir uns stets an dieses Gefühl der Wertschätzung, werden wir uns immer glücklich und nie entmutigt fühlen, ganz gleich in welchen äußeren Umständen wir uns befinden. Der Gedanke an die Kostbarkeit unseres menschlichen Lebens wird uns ermutigen, unsere wertvolle Zeit nicht zu verschwenden, sondern sie für die Praxis der Stufen des Pfades zu nutzen.

3. TOD UND VERGÄNGLICHKEIT

Es gibt drei Wege, diesem menschlichen Leben einen Sinn zu geben: Wir können es verwenden, um uns in unserem nächsten Leben eine Wiedergeburt als Mensch oder Gott zu sichern, um Befreiung aus Samsara zu erreichen oder um volle Erleuchtung zum Wohle anderer zu erlangen. Diese Erlangungen sind von der Art der Dharma-Praxis abhängig. Da wir aber sehr stark an weltlichen Aktivitäten hängen, ist unser Wunsch, Dharma zu praktizieren, nicht sehr ausgeprägt. Das ist unser größtes Hindernis. Um dieses Hindernis zu überwinden, müssen wir über den Tod meditieren.

VORBEREITUNG

Wir nehmen Zuflucht, erzeugen eine besondere Bodhichitta-Motivation und führen die übrigen vorbereitenden Übungen aus.

KONTEMPLATION

Wir denken: «Der Tod ist mir gewiß. Es gibt keine Möglichkeit, meinen Körper vor dem endgültigen Zerfall zu bewahren. Tag um Tag, von Augenblick zu Augenblick zerrinnt mein Leben. Ich habe keine Ahnung, wann ich sterben werde. Der Zeitpunkt meines Todes ist völlig ungewiß. Viele junge Menschen sterben vor ihren Eltern, manche sterben bei ihrer Geburt. Es gibt keine Sicherheit in dieser Welt. Zudem gibt es unzählige Ursachen für einen vorzeitigen Tod. Das Leben von vielen starken und gesunden Menschen wird durch Unfälle zerstört. Es ist durchaus nicht sicher, daß ich heute nicht sterben werde.»

MEDITATION

Haben wir eingehend über diese Punkte nachgedacht, wiederholen wir immer wieder in unserem Geist: «Ich

Melodischer Ozean der Dharma-Verkündigung

könnte heute sterben, ich könnte heute sterben», und wir konzentrieren uns auf die Gefühle, die dabei in uns entstehen. Schließlich fassen wir folgenden Entschluß: «Da ich diese Welt schon bald verlassen muß, ist es sinnlos, an weltlichen Vergnügen zu hängen. Statt dessen werde ich mein ganzes Leben der Dharma-Praxis widmen.» Wir meditieren über diesen Entschluß, so lange wir können.

WIDMUNG

Wir widmen alle Tugenden, die wir in dieser Meditation erschaffen haben, dem Wohl aller Lebewesen, indem wir die Widmungsgebete rezitieren.

ANSCHLIESSENDE PRAXIS

In der Meditationspause sollten wir versuchen, unsere Faulheit zu überwinden und Dharma zu praktizieren. Mit der Erkenntnis, daß alle weltlichen Vergnügen trügerisch sind und uns davon abhalten, unser Leben sinnvoll zu nutzen, sollten wir die Anhaftung an diese Vergnügen aufgeben. So gelingt es uns, das größte Hindernis der reinen Dharma-Praxis zu beseitigen.

Erhabene Herrlichkeit frei von Leiden

4. DIE GEFAHR EINER NIEDEREN WIEDERGEBURT

Wenn zum Zeitpunkt unseres Todes negatives Karma reif wird, werden wir in einem der niederen Bereiche wiedergeboren. Meditieren wir über diese Gefahr, so werden wir große Angst vor den Leiden der niederen Bereiche bekommen. Diese Angst ist eine der wichtigsten Ursachen der Zufluchtnahme.

VORBEREITUNG

Wir nehmen Zuflucht, erzeugen eine besondere Bodhichitta-Motivation und führen die übrigen vorbereitenden Übungen aus.

KONTEMPLATION

Wenn das Öl einer Öllampe verbraucht ist, erlöscht die Flamme, weil sie durch das Öl erzeugt wird. Stirbt jedoch unser Körper, erlöscht unser Bewußtsein nicht, da es nicht vom Körper erzeugt wird. Wenn wir sterben, muß unser Geist diesen jetzigen Körper, der nur eine zeitweilige Behausung ist, verlassen und einen neuen Körper finden, wie ein Vogel, der sein Nest verläßt, um zu einem anderen zu fliegen. Unser Geist hat weder die Freiheit zu bleiben, noch kann er sich auswählen, wohin er gehen möchte. Wir werden durch die Winde unseres Karmas zum Ort unserer nächsten Wiedergeburt geweht. Ist das Karma negativ, das zum Zeitpunkt unseres Todes reif wird, erfahren wir mit Sicherheit eine niedere Wiedergeburt. Schwerwiegendes negatives Karma verursacht eine Wiedergeburt in der Hölle, weniger negatives Karma verursacht eine Wiedergeburt als Hungriger Geist, während das am wenigsten negative Karma eine Wiedergeburt als Tier verursacht.

Es ist sehr einfach, schweres negatives Karma zu schaffen. Töten wir zum Beispiel aus Wut eine Mücke, schaffen wir die Ursache, in der Hölle wiedergeboren zu werden. Während diesem und all unseren zahllosen früheren Leben haben wir zahlreiche schwerwiegende negative Handlungen begangen. Falls wir diese Handlungen nicht schon durch aufrichtiges Bekennen gereinigt haben, bleiben ihre Prägungen in unserem Geisteskontinuum, und jedes dieser negativen Potentiale kann zum Zeitpunkt unseres Todes reifen. Dies bedenkend, sollten wir überlegen: «Wo werde ich morgen sein, wenn ich heute sterbe? Es ist gut möglich, daß ich mich im Tierbereich, unter den Hungrigen Geistern oder in der Hölle wiederfinden werde. Würde mich heute jemand eine dumme Kuh nennen, könnte ich das schwer ertragen, aber was werde ich machen, wenn ich tatsächlich eine Kuh, ein Schwein oder ein Fisch werde?»

MEDITATION

Wir denken so lange über die Leiden der drei niederen Bereiche und die Gefahr, dort geboren zu werden, nach, bis wir große Angst vor einer Wiedergeburt in einem der niederen Bereiche bekommen. Dann meditieren wir über dieses Gefühl der Angst so lange wie möglich.

WIDMUNG

Wir widmen alle Tugenden, die wir in dieser Meditation erschaffen haben, dem Wohl aller Lebewesen, indem wir die Widmungsgebete rezitieren.

ANSCHLIESSENDE PRAXIS

In der Meditationspause sollten wir die Gefahr, in einem niederen Bereich wiedergeboren zu werden, nicht vergessen. Das hilft uns, Achtsamkeit zu üben und gewissenhaft nichttugendhafte Handlungen zu vermeiden. Zudem spornt es uns an, Zuflucht bei den Drei Juwelen zu suchen, dem eigentlichen Schutz vor Leiden.

5. DIE PRAXIS DER ZUFLUCHT

Durch das Überdenken der Gefahr einer niederen Wiedergeburt haben wir Angst bekommen. Jetzt überlegen wir uns, daß die Drei Juwelen, Buddha, Dharma und Sangha, die absolute Macht besitzen, uns zu beschützen.

VORBEREITUNG

Wir nehmen Zuflucht, erzeugen eine besondere Bodhichitta-Motivation und führen die übrigen vorbereitenden Übungen aus.

KONTEMPLATION

Alle Ängste und Gefahren Samsaras, einschließlich der Wiedergeburt in niederen Bereichen, entstehen durch unseren verblendeten Geist. Deshalb ist unsere wirkliche Zuflucht Dharma, die spirituellen Verwirklichungen, die uns direkt vor Verblendungen schützen. Wenn wir zum Beispiel eine Verwirklichung von Tod und Vergänglichkeit erlangen, wird uns das helfen, unsere Anhaftung an die Dinge dieses Lebens zu verringern. Wenn wir uns der Unausweichlichkeit des Todes und der Ungewißheit der Todeszeit bewußt sind, werden wir ganz natürlich mehr Wert auf die Praxis der moralischen Disziplin legen als auf das Streben nach vergänglichen Sinnenfreuden, Reichtum oder Macht. Wir werden nicht in Versuchung geraten, nichttugendhafte Taten zu begehen, wie Töten, Stehlen oder sexuelles Fehlverhalten, und werden deshalb auch die unangenehmen Konsequenzen dieser Taten nicht erfahren müssen. Auf diese Weise schützen uns Dharma-Verwirklichungen vor Leiden. Die endgültige Dharma-Zuflucht ist die Verwirklichung der Leerheit. Diese beseitigt unsere Verblendungen für immer und befreit uns ein für allemal von Leiden.

Makelloses ausgezeichnetes Gold

Während Dharma die eigentliche Zuflucht ist, ist Buddha die Quelle aller Zuflucht. Er ist der erhabene Spirituelle Meister, der uns zeigt, wie wir Dharma-Verwirklichungen erreichen können, und der unsere Dharma-Praxis fördert, indem er uns seine Segnungen gewährt. Der Sangha sind die erhabenen spirituellen Freunde, die unsere Dharma-Praxis unterstützen. Sie sorgen für förderliche Umstände, ermutigen uns in unserer Praxis und gehen uns mit gutem Beispiel voran. Nur die Drei Juwelen haben die Fähigkeit, Lebewesen vor allen Leiden zu beschützen.

MEDITATION

Durch diese Gedankengänge bauen wir die feste Überzeugung auf, daß die Drei Juwelen die einzig wahren Zufluchtsobjekte sind und entwickeln tiefes Vertrauen in Buddha, Dharma und Sangha. Wir meditieren über dieses Vertrauen und lassen es nicht zu, daß Zweifel entstehen.

Wenn wir über eine Geisteshaltung wie Vertrauen meditieren, denken wir nicht bloß darüber nach und konzentrieren uns auf sie, als ob sie von unserem Geist getrennt wäre. Statt dessen wandeln wir unseren Geist in diesen Zustand um und halten ihn mit einsgerichteter Konzentration. Dabei sollten wir die Empfindung haben, als ob unser Geist mit einem Ozean von Vertrauen vereint wäre.

Haben wir kurze Zeit über unser Vertrauen in die Drei Juwelen meditiert, stellen wir uns im Raume vor uns den lebendigen Buddha Shakyamuni vor, umgeben von allen Buddhas und Bodhisattvas gleich einem Vollmond inmitten von Sternen. Wir erzeugen die Gewißheit, daß alle diese heiligen Wesen sich jetzt tatsächlich vor uns befinden und konzentrieren uns für eine Weile auf sie. Mit großer Angst vor einer niederen Wiedergeburt und mit tiefem Vertrauen in die Drei Juwelen, fassen wir den festen Entschluß, in unserem Geist die Grundlage des Dharma-Juwels aufzubauen, indem wir uns auf das Buddha-Juwel und das Sangha-Juwel verlassen. Mit dieser Motivation bitten wir:

All Ihr Buddhas, Bodhisattvas und heiligen Wesen,
Bitte beschützt mich und alle Lebewesen
Vor den vielfältigen Leiden, Ängsten und Gefahren Samsaras.
Bitte segnet unseren Körper und Geist.

Mit großem Vertrauen in die Drei Juwelen rezitieren wir dieses Zufluchtsgebet viele Male.

WIDMUNG

Wir widmen alle Tugenden, die wir in dieser Meditation erschaffen haben, dem Wohl aller Lebewesen, indem wir die Widmungsgebete rezitieren.

ANSCHLIESSENDE PRAXIS

Während der Meditationspause sollten wir die zwölf Zufluchtsverpflichtungen ausüben, die in Anhang II ausführlich beschrieben sind. Durch das Bewahren der Zufluchtsverpflichtungen wird unsere Zufluchtspraxis gestärkt und wird so bald Früchte tragen.

6. HANDLUNGEN UND IHRE AUSWIRKUNGEN

Nachdem wir Zuflucht genommen haben, ist unsere hauptsächliche Praxis das Beachten der Gesetze des Karmas, das Aufgeben von Nichttugend und das Ausüben von Tugend. Dies ist die eigentliche Methode, die uns vor einer Wiedergeburt in den niederen Bereichen schützt. Sie bildet die Grundlage für alle weiteren Dharma-Verwirklichungen.

VORBEREITUNG

Wir nehmen Zuflucht, erzeugen eine besondere Bodhichitta-Motivation und führen die übrigen vorbereitenden Übungen aus.

KONTEMPLATION

Die Hauptursache für eine Wiedergeburt in den niederen Bereichen sind nichttugendhafte Handlungen oder negatives Karma. Alles Leiden, das wir in diesem Leben erfahren, wie Krankheit, Armut, Streitigkeiten und Unfälle sowie Schaden durch Menschen oder nichtmenschliche Wesen, ist eine Folge unseres vergangenen negativen Karmas. Wenn unsere innigsten Wünsche unerfüllt bleiben, während Dinge, die wir nicht mögen, ganz leicht geschehen, oder wenn wir es nicht schaffen, gute Freunde zu finden, oder sie bald wieder verlieren, wenn wir sie gefunden haben, so geschieht all dies aufgrund des Heranreifens unseres vergangenen negativen Karmas. Selbst kleinere Ärgernisse, wie Störungen in unserem Tagesablauf oder die Unzufriedenheit, die unser tägliches Leben so oft begleitet, sind Ergebnisse der nichttugendhaften Handlungen, die wir in früheren Leben angesammelt haben. Dieses wertvolle menschliche Leben dagegen und alles Glück, das von Menschen und Göttern erfahren wird, sowie das Erlangen der

König des melodischen Klanges

Befreiung und Erleuchtung sind das Ergebnis tugendhafter Handlungen.

Diese abhängige Beziehung zwischen Handlungen und Auswirkungen – tugendhafte Handlungen sind die Ursache für Glück, und nichttugendhafte Handlungen verursachen Leiden – wird von den Buddhas aufgrund ihres vollkommenen Wissens gelehrt. Wir müssen daran glauben, weil die Überzeugung in das Gesetz des Karmas die Wurzel für zukünftiges Glück ist.

MEDITATION

Wir denken über diese Punkte nach, bis wir von der Wahrheit des Karmas überzeugt sind. Wir fassen folgenden Entschluß: «Da ich frei von jeder Art von Unzufriedenheit sein und ununterbrochenes Glück erfahren möchte, muß ich nichttugendhafte Handlungen aufgeben und nur noch Tugend praktizieren. Insbesondere muß ich die zehn nichttugendhaften Handlungen aufgeben.» Dann festigen wir unseren Entschluß, indem wir mit einsgerichteter Konzentration darüber meditieren.

WIDMUNG

Wir widmen alle Tugenden, die wir in dieser Meditation erschaffen haben, dem Wohl aller Lebewesen, indem wir die Widmungsgebete rezitieren.

ANSCHLIESSENDE PRAXIS

In der Meditationspause sollten wir gewissenhaft auch die kleinsten negativen Handlungen vermeiden und jede Gelegenheit benutzen, tugendhafte Handlungen auszuüben. Auf diese Weise überwinden wir unsere unmittelbaren Schwierigkeiten und schützen uns vor künftigem Leid. Durch die reine Praxis der moralischen Disziplin wird unser menschliches Leben sinnvoll. Dies ist die einzige, unfehlbare Methode, um unsere inneren Probleme zu lösen.

Glorreicher Ruhm der ausgezeichneten Zeichen

Die mittlere Ausrichtung

Durch unser Festhalten am Selbst haben wir ohne Unterbruch seit anfangsloser Zeit unzählige Wiedergeburten durchlebt. Dieser ständige Kreislauf von Tod, Zwischenzustand und Wiedergeburt wird «Samsara» genannt. Solange wir in diesem Teufelskreis gefangen sind, werden wir nur Leiden erfahren.

Die Zufluchtnahme zu den Drei Juwelen, verbunden mit der Praxis der reinen moralischen Disziplin, wird uns von der Gefahr einer niederen Wiedergeburt befreien und es uns ermöglichen, auch in Zukunft ein kostbares menschliches Leben zu erlangen. Doch auch im menschlichen Bereich sind wir nicht frei von Leiden und erleben kein wahres Glück. Wir müssen uns nur umschauen, eine Zeitung lesen oder fernsehen, um zu erkennen, daß die Menschen furchtbare Leiden erleben.

Wo wir auch in Samsara geboren werden: es gibt keine Freiheit von Leiden, selbst im höchsten Götterbereich nicht. Gelingt es uns, in den glücklichen Bereichen eine Wiedergeburt zu erlangen, gleicht auch dies nur einem kurzen Urlaub. Danach müssen wir erneut in die niederen Bereiche hinabsteigen, wo wir für unvorstellbar lange Zeit allerschwerste Leiden erdulden müssen.

Uns widerfahren alle diese Leiden, weil wir in Samsara sind. Denken wir gründlich darüber nach, werden wir erkennen, daß wir Samsara entfliehen müssen, um echte Freiheit und wahres Glück zu finden. Durch die Praxis der Stufen des Pfades der mittleren Ausrichtung können wir uns von Samsara befreien und den dauerhaften, inneren Frieden erlangen, der frei von Leiden, Ängsten und deren Ursachen ist. Dies ist die wirkliche Befreiung, das Nirvana.

7. ENTSAGUNG GEGENÜBER SAMSARA ENTWICKELN

Die Grundursache von Samsara ist das Festhalten am Selbst. Um Samsara zu entfliehen, müssen wir deshalb seine Wurzel durchtrennen, indem wir das Festhalten am Selbst in unserem geistigen Kontinuum ausmerzen. Das hängt von der Schulung in höherer Weisheit ab, die von der Schulung in höherer Konzentration abhängt, die ihrerseits von der Schulung in höherer moralischer Disziplin abhängt. Diese drei Schulungen werden «höhere Schulungen» genannt, weil sie durch Entsagung motiviert sind. Um Samsara zu entfliehen, muß deshalb unser erster Schritt sein, Entsagung zu entwickeln.

Wir entwickeln Entsagung, indem wir uns die zahlreichen Fehler von Samsara vor Augen führen und den tiefen Wunsch erzeugen, Samsara zu entkommen. In den folgenden Kontemplationen denken wir über die verschiedenen Leiden des menschlichen Bereiches nach. Wir sollten uns jedoch daran erinnern, daß die Leiden in anderen Bereichen im allgemeinen weitaus schlimmer sind.

Wir fragen uns vielleicht, warum es notwendig ist, über Leiden wie Geburt, Krankheit, Altern oder Tod nachzudenken, vor allem da wir das erste schon erlebt haben und nichts tun können, um die anderen zu verhindern. Der Grund dafür ist, daß wir durch Meditation über diese Leiden erkennen, daß die wahre Natur samsarischer Existenz Leiden ist und daß wir dieselben Schmerzen Leben für Leben wieder erleiden müssen, bis wir aus Samsara entfliehen. Dies ruft in uns den starken Wunsch hervor, Samsara zu entfliehen, indem wir seine Ursache, das Festhalten am Selbst, aufgeben. Dieser Wunsch ist Entsagung.

VORBEREITUNG

Wir nehmen Zuflucht, erzeugen eine besondere Bodhichitta-Motivation und führen die übrigen vorbereitenden Übungen aus.

KONTEMPLATION

Es folgen nun sieben einzelne Gedankengänge über die Leiden Samsaras. Jeder von ihnen soll dazu dienen, einen Geist der Entsagung zu erzeugen, den wir dann als unser Meditationsobjekt nehmen. Es ist nicht nötig, in jeder Sitzung über alle Punkte nachzudenken. Vielmehr sollten wir hauptsächlich die Punkte überdenken, die den stärksten Eindruck in unserem Geist hinterlassen und die uns helfen, Entsagung zu entwickeln. Wenn Entsagung in unserem Geist entsteht, sollten wir von weiterer Kontemplation absehen und zur Meditation übergehen.

Geburt

Die ersten neun Monate unseres Lebens müssen wir eingezwängt im Mutterleib verbringen. Zu Beginn wachsen unsere Glieder so schnell, daß wir meinen, auf einer Folterbank gestreckt zu werden. In den späteren Monaten der Schwangerschaft fühlen wir uns eingepfercht, als ob wir uns in einem kleinen Wasserbehälter voll schmutziger Flüssigkeit befänden. Auf alles, was unsere Mutter tut, reagieren wir äußerst empfindlich. Wenn sie zum Beispiel läuft, wird unser zarter Körper schwer erschüttert; wenn sie etwas Heißes trinkt, scheint unsere Haut von kochendem Wasser verbrüht zu werden. Während dieser ganzen Zeit sind wir völlig allein. Unsere Mutter weiß nicht, welche Leiden und Ängste wir erfahren, und selbst wenn sie es wüßte, wäre sie machtlos, uns zu helfen.

Verlassen wir schließlich den Mutterleib, ist es, als ob wir durch eine enge Felsspalte gepreßt würden, hinaus in eine rauhe und fremde Welt. Alles, was wir in unserem früheren Leben wußten, haben wir vergessen, und wir haben keine Möglichkeit zu verstehen, was jetzt mit uns geschieht. Es ist, als ob wir blind, taub und stumm wären. Unsere Haut ist so zart, daß sich auch die feinsten Stoffe rauh anfühlen. Haben wir Hunger, können wir nicht sagen: «Ich brauche zu essen», und wenn wir Schmerzen haben, können wir nicht sagen: «Das tut mir weh». Die einzigen Zeichen, die wir geben können, sind heiße Tränen und wütende Gebärden. Wir sind ganz und gar hilflos, und alles muß uns beigebracht werden: wie man ißt, sitzt, läuft und spricht.

Altern

Mit dem Alter verlieren wir unsere jugendliche Vitalität. Ein gebeugter Rücken, häßliches Aussehen und Krankheiten plagen uns. Unsere Sehkraft nimmt ab, und unser Gehör versagt allmählich. Vergnügen wie Essen, Trinken und Sex bringen uns nicht mehr den gleichen Genuß wie früher. Wir sind zu schwach für Spiele und oft sogar zu erschöpft, Unterhaltung zu genießen. In jungen Jahren konnten wir um die ganze Welt reisen; sind wir jedoch alt, so können wir kaum noch an unsere Eingangstür gehen. Wir werden zu schwach für viele weltliche Aktivitäten, und in unseren spirituellen Aktivitäten sind wir oft eingeschränkt. Wir können zum Beispiel nicht mehr viele Verbeugungen machen oder weit reisen, um Unterweisungen zu empfangen. Wenn wir meditieren, ist es für uns schwieriger, Verwirklichungen zu erlangen, da unser Gedächtnis und unsere Konzentration schwach sind und es uns schwerfällt wachzubleiben. Unser Intellekt hat nicht mehr die gleiche Schärfe wie in der Jugend; deshalb dauert es viel länger, bis wir etwas verstehen, wenn wir etwas lernen wollen.

Unfähig, unsere Arbeit wie früher zu verrichten oder anderen zu helfen, wie wir das gerne möchten, beginnen wir uns nutzlos zu fühlen und verlieren mehr und mehr an Selbstvertrauen. Wir werden oft von unseren eigenen Kindern vernachlässigt. Wir können nur hilflos zuschauen, wie unsere Freunde und Altersgenossen einer nach dem anderen krank werden und sterben. Wir werden immer einsamer. Falls wir nicht in jüngeren Jahren Dharma praktiziert haben, als wir die Gelegenheit hatten, verbringen wir die letzten Jahre in wachsender Angst vor dem Tod und mit einem zunehmenden Gefühl von Reue für ein verschwendetes Leben.

Krankheit

Sind wir als Menschen geboren worden, ist es beinahe unumgänglich, daß wir in diesem Leben Krankheiten erdulden müssen. Werden wir krank, gleichen wir einem Vogel, der hoch in den Lüften kreist und plötzlich abgeschossen wird. Wird ein Vogel getroffen, stürzt er senkrecht zur Erde wie ein Klumpen Blei, und all seine Kraft und Herrlichkeit sind umgehend zerstört. Sogar eine harmlose Erkrankung kann uns vollständig behindern. Wir können unser Essen nicht genießen oder können nicht an den Unternehmungen unserer Freunde teilnehmen. Möglicherweise wird uns mitgeteilt, daß wir auf unser Lieblingsessen oder Alkohol verzichten müssen oder daß wir uns körperlich nicht mehr anstrengen dürfen. Leiden wir an einer ernsthafteren Krankheit, kann es sein, daß wir uns einer schmerzhaften oder möglicherweise riskanten Operation unterziehen müssen. Ist diese erfolglos, sagen uns die Ärzte, daß sie nichts mehr für unsere Heilung tun können und wir nur noch eine kurze Zeit zu leben haben. Haben wir unser Leben nicht genutzt, um Dharma zu praktizieren, werden uns Angst und Reue überwältigen.

Junge Menschen im besten Alter können von einer unheilbaren, degenerativen Krankheit befallen werden. Auch wenn sie noch viele Jahre leben mögen, müssen sie zusehen, wie sie langsam zugrunde gehen. Wenn sie erkennen, daß sich ihre größten Hoffnungen und Träume nie erfüllen werden, werden sie sich vielleicht einen schnelleren Tod wünschen. Wann immer wir von den schrecklichen Krankheiten anderer hören oder darüber lesen, sollten wir uns daran erinnern, daß uns dasselbe zustoßen könnte. Solange wir uns in Samsara befinden, sind wir nie vor der Bedrohung durch Krankheiten sicher.

Tod

Haben wir ein ganzes Leben hart gearbeitet, um Reichtümer anzuhäufen, und hängen wir sehr an ihnen, werden wir große Leiden erfahren, wenn wir uns zum Zeitpunkt unseres Todes davon trennen müssen. Uns fällt es schon jetzt schwer, etwas auszuleihen, das wir sehr schätzen, geschweige denn, es zu verschenken. So erstaunt es nicht, daß uns die Erkenntnis, mit dem Tode alles aufgeben zu müssen, sehr unglücklich werden läßt.

Wenn wir sterben, müssen wir uns sogar von unseren besten Freunden trennen. Wir müssen unseren Partner verlassen, obwohl wir vielleicht für viele Jahre ohne einen Tag der Trennung zusammengewesen sind. Haften wir sehr an unseren Freunden, werden wir uns zum Zeitpunkt des Todes sehr elend fühlen, aber alles, was wir tun können, ist, ihre Hände zu halten. Wir können dem Todesprozeß keinen Einhalt gebieten, wie sehr sie uns auch bitten, sie nicht zu verlassen. Gewöhnlich werden wir sehr eifersüchtig, wenn uns jemand, an dem wir sehr hängen, allein läßt und seine Zeit mit jemand anderem verbringt. Wenn wir aber sterben, müssen wir unsere Freunde für immer bei anderen zurücklassen. Wenn wir Kinder haben, müssen wir sie beim Sterben verlassen.

Wir werden unsere Spirituellen Meister und alle Menschen, die uns in diesem Leben geholfen haben, verlassen müssen.

Sterben wir, müssen wir diesen Körper, den wir auf vielerlei Arten gehegt und gepflegt haben, zurücklassen. Er wird geistlos werden wie ein Stein und in der Erde begraben oder verbrannt werden. Wenn wir nicht Dharma praktiziert und tugendhafte Handlungen ausgeübt haben, werden wir zum Zeitpunkt des Todes Angst und Verzweiflung sowie körperliche Schmerzen empfinden.

Wir müssen uns von dem trennen, was uns lieb ist

Vor der endgültigen Trennung durch den Tod müssen wir oft vorübergehende Trennungen von Menschen und Dingen, die wir lieben, erleiden. Vielleicht müssen wir unser Land und damit alle unsere Freunde und Verwandten verlassen, oder wir müssen einen liebgewordenen Arbeitsplatz aufgeben. Vielleicht verlieren wir unseren guten Ruf. Während dieses Lebens müssen wir oft den Schmerz der Trennung von geliebten Menschen ertragen und geschätzte und angenehme Dinge aufgeben oder verlieren. Sterben wir aber, müssen wir uns von allen Gefährten und Vergnügen dieses Lebens für immer trennen.

Wir müssen dem begegnen, was wir nicht mögen

Oft sind wir gezwungen, mit Menschen, die wir als unangenehm empfinden, zusammenzuleben oder zusammenzuarbeiten, zum Beispiel mit Menschen, die uns grundlos kritisieren oder ständig unsere Absichten durchkreuzen. Manchmal können wir in gefährliche Situationen, wie Feuersbrünste oder Erdbeben, geraten oder überfallen werden. Wir können beraubt oder vergewaltigt werden. Führt unser Land Krieg, müssen wir vielleicht in den Kampf ziehen, oder wir werden eingesperrt, wenn wir dies verweigern. Unser Heim kann bombardiert und unsere Verwandten können getötet werden. Unsere Leben sind voll von weniger extremen Situationen, die wir als ärgerlich empfinden. Die Ferien sind verregnet, und sobald wir ins Büro zurückkehren, wird es unerträglich heiß. Unser Geschäft macht Konkurs, wir verlieren unsere Arbeit, oder wir verbrauchen unsere gesamten Ersparnisse. Wir streiten mit unserem Partner, unsere Kinder machen uns viele Sorgen, und alte Freunde wenden sich plötzlich gegen uns. Was immer wir auch tun, etwas scheint immer schief zu gehen. Sogar in unserer Dharma-Praxis stoßen wir ständig auf Hindernisse. Setzen wir uns hin, um zu meditieren, werden wir durch Lärm abgelenkt, das Telefon klingelt, oder wir bekommen Besuch. Manchmal scheint es, als ob unsere Verblendungen größer sind als je zuvor, obwohl wir seit Jahren praktiziert haben. Und, obwohl wir uns sehr bemühen, rücksichtsvoll zu sein, werden unsere Verwandten und Freunde wegen unserer Dharma-Praxis unglücklich. Es scheint, als ob wir in einem Dornbusch leben würden: Immer, wenn wir versuchen, es uns angenehmer zu machen, dringen die Dornen noch tiefer in unser Fleisch ein. In Samsara sind Ärger und Enttäuschung der natürliche Zustand der Dinge.

Das Unvermögen, unsere Wünsche zu erfüllen

Wir haben unzählige Wünsche. Viele sind unerfüllbar, andere aber bringen uns nicht die erhoffte Befriedigung, wenn sie erfüllt werden. Viele Menschen können sich nicht einmal ihre bescheidenen Wünsche für grundlegende Lebensnotwendigkeiten erfüllen, wie genügend Nahrung, Kleider, Unterkunft, Freundschaft, annehmbare Arbeit oder ein wenig persönliche Freiheit. Unglücklicherweise hören unsere Wünsche aber nicht auf, selbst wenn diese grundlegenden Bedürfnisse befriedigt sind.

Bald brauchen wir ein Auto, ein Heim mit mehr Luxus, eine besser bezahlte Arbeit. Früher genügten uns einfache Ferien, aber unsere Erwartungen steigen ständig, und wir brauchen jetzt teure Auslandferien.

Ehrgeiz und Konkurrenzkampf sind häufige Ursachen für Unzufriedenheit. Der ehrgeizige Schüler ist erst zufrieden, wenn er der Klassenbeste ist. Der Geschäftsmann wird nicht eher ruhen, bis er ein Vermögen erwirtschaftet hat. Es leuchtet ein, daß nicht jeder an die Spitze gelangen kann. Wenn einer gewinnt, müssen andere verlieren. Aber auch die Gewinner sind selten lange zufrieden. Ihr Ehrgeiz treibt sie weiter voran, bis auch sie verlieren, erschöpft oder tot sind.

Unsere Wünsche sind oft widersprüchlich. Dies ist ein anderer Grund, weshalb wir oft unfähig sind, sie zu erfüllen. Wir wollen zum Beispiel sowohl materiellen Erfolg haben als auch ein einfaches Leben führen, Ruhm und Zurückgezogenheit, üppiges Essen und eine schlanke Figur, Abenteuer und Sicherheit. Wir wollen, daß sich alle nach unseren Wünschen richten, und dennoch beliebt sein. Oder wir wünschen uns Dharma-Verwirklichungen und zugleich einen guten Ruf und materiellen Wohlstand. Unsere Wünsche beziehen oft andere Menschen mit ein, und das schafft besondere Schwierigkeiten. Viele Beziehungen scheitern an unrealistischen Erwartungen und Wünschen.

Wir streben Perfektion an – die perfekte Gesellschaft, das perfekte Heim, den perfekten Partner – aber Perfektion kann in Samsara nicht gefunden werden. Samsara verspricht viel, kann aber nie wirkliche Befriedigung bringen. Unreine, vergängliche Objekte können uns nicht die dauerhafte Freude geben, die wir suchen. Dies kann nur durch eine gründliche Reinigung unseres Geistes erreicht werden. Zwar ist Unwissenheit die grundlegende Ursache von Samsara, weltliche Wünsche aber sind der Brennstoff, der das Feuer von Samsara am Lodern hält;

deshalb müssen wir unsere weltlichen Wünsche vermindern, indem wir ihre Fehler erkennen.

MEDITATION

Indem wir über die sieben Arten des Leidens nachdenken, werden wir zu folgendem Schluß kommen: «Diese Leiden habe ich in der Vergangenheit immer und immer wieder durchlebt. Erlange ich keine Befreiung, muß ich diese Leiden auch in Zukunft immer und immer wieder erfahren. Deswegen muß ich mich aus Samsara befreien.» Wenn dieser Gedanke klar und deutlich in unserem Geist erscheint, meditieren wir über ihn so lange wie möglich.

WIDMUNG

Wir widmen alle Tugenden, die wir in dieser Meditation erschaffen haben, dem Wohl aller Lebewesen, indem wir die Widmungsgebete rezitieren.

ANSCHLIESSENDE PRAXIS

Während der Meditationspause sollten wir den Wunsch aufrechterhalten, Befreiung von Samsara zu erlangen. Wenn wir schwierigen Umständen begegnen oder andere sehen, die Schwierigkeiten erleben, sollten wir dies benutzen, um uns an die Nachteile von Samsara zu erinnern. Läuft alles nach Wunsch, sollten wir uns nicht täuschen lassen, sondern daran denken, daß samsarische Vergnügen kurzlebig sind und daß wir uns darin verstricken, wenn wir Anhaftung an sie entwickeln. Auf diese Weise können wir unsere gesamten Erfahrungen des Alltags benutzen, um unseren Entschluß, Samsara zu verlassen und Befreiung zu erlangen, zu verstärken.

Die große Ausrichtung

Den Wunsch, uns von Samsara zu befreien, sollten wir Tag und Nacht bewahren. Dies ist der Hauptpfad zur Befreiung und bildet die Grundlage für fortgeschrittenere Verwirklichungen. Trotzdem sollten wir uns nicht damit zufrieden geben, nur unsere eigene Befreiung anzustreben. Wir müssen auch um das Wohl anderer Lebewesen besorgt sein. Unzählige Lebewesen sind im Gefängnis Samsaras gefangen und durchleben zahllose Formen des Leidens. Jeder von uns ist nur eine einzelne Person, während die Zahl der anderen Lebewesen unendlich ist; das Glück anderer ist darum viel wichtiger als unser eigenes. Aus diesem Grund müssen wir in den Mahayana-Pfad eintreten, der die erhabene Methode ist, um allen Lebewesen von Nutzen zu sein.

Avalokiteshvara

8. GLEICHMUT ENTWICKELN

Unsere Einstellung gegenüber anderen ist normalerweise unausgeglichen. Sehen wir einen Freund oder jemanden, den wir besonders anziehend finden, freuen wir uns. Begegnen wir jedoch einem Feind oder einem abstoßenden Menschen, steigt in uns ein Gefühl der Abneigung hoch. Treffen wir einen Unbekannten oder jemanden, den wir weder anziehend noch abstoßend finden, reagiert unser Geist mit Gleichgültigkeit. Unausgeglichene Einstellungen dieser Art sind das größte Hindernis, um unvoreingenommene Liebe, Mitgefühl und Bodhichitta – die essentiellen Verwirklichungen des Mahayanas – zu entwickeln. Solange wir diese Einstellungen haben, gleicht unser Geist einem steinigen Acker, der das Heranwachsen der Mahayana-Verwirklichungen nicht unterstützen kann. Deshalb besteht unsere Aufgabe als erstes darin, unseren Geist von diesen unausgeglichenen Einstellungen zu befreien und gegenüber allen Lebewesen echten Gleichmut zu entwickeln.

VORBEREITUNG

Wir nehmen Zuflucht, erzeugen eine besondere Bodhichitta-Motivation und führen die übrigen vorbereitenden Übungen aus.

KONTEMPLATION

Wir sollten denken, daß in vergangenen Leben die Person, die jetzt unser Freund ist, oft unser Feind gewesen ist, während unser gegenwärtiger Feind oft unser bester Freund war. Sogar innerhalb eines kurzen Lebens werden Freunde schnell zu Feinden und Feinde zu Freunden. Es gibt keine Gewißheit. Außerdem standen wir heute Fremden früher einmal sehr nahe, und es wird eine Zeit kommen, in der uns Personen fremd erscheinen, denen wir heute sehr nahe stehen. Darum ergibt es keinen Sinn, gegenüber manchen Personen Anhaftung und gegen andere Abneigung oder Gleichgültigkeit zu empfinden. Mit diesem Gedankengang können wir unsere unausgewogenen Einstellungen der Anhaftung, Abneigung und Gleichgültigkeit gegenüber anderen aufgeben und statt dessen ein warmes Gefühl der Zuneigung für alle Lebewesen entwickeln.

MEDITATION

Wenn wir diese Punkte überdenken, werden wir zu folgenden drei Entschlüssen gelangen:

1. Ich werde meinen Geist von unausgewogenen Einstellungen befreien.
2. Ich werde keinem Lebewesen gegenüber Anhaftung, Abneigung oder Gleichgültigkeit empfinden.
3. Ich werde eine gleichermaßen warme und freundliche Einstellung gegenüber allen Lebewesen entwickeln und bewahren.

Wir meditieren über diese drei Entschlüsse so lange wie möglich mit einsgerichteter Konzentration.

WIDMUNG

Wir widmen alle Tugenden, die wir in dieser Meditation erschaffen haben, dem Wohl aller Lebewesen, indem wir die Widmungsgebete rezitieren.

ANSCHLIESSENDE PRAXIS

Diese drei Entschlüsse sollten wir Tag und Nacht aufrechterhalten, und wir sollten ein warmes Gefühl der Zuneigung für alle Lebewesen, denen wir begegnen oder an die wir denken, empfinden. Wenn wir dies tun, wird es keine Grundlage mehr für die Probleme der Anhaftung oder Wut geben. Unser Geist wird in stetigem Frieden verweilen.

9. ERKENNEN, DASS ALLE LEBEWESEN UNSERE MÜTTER SIND

Nachdem wir Gleichmut entwickelt haben, müssen wir jetzt Liebe, Mitgefühl und Bodhichitta erzeugen. Das setzt voraus, daß wir zuneigungsvolle Liebe für alle Lebewesen entwickeln. Um zuneigungsvolle Liebe zu erzeugen, beginnen wir mit der Überlegung, daß alle Lebewesen unsere Mütter sind.

VORBEREITUNG

Wir nehmen Zuflucht, erzeugen eine besondere Bodhichitta-Motivation und führen die übrigen vorbereitenden Übungen aus.

KONTEMPLATION

Da es unmöglich ist, einen Anfang unseres geistigen Kontinuums zu finden, müssen wir unzählige Male wiedergeboren worden sein. Wenn wir zahllose Wiedergeburten erlebt haben, müssen wir zahllose Mütter gehabt haben. Wo sind alle diese Mütter jetzt? Es sind alle heute lebenden Wesen.

Es ist falsch zu folgern, daß die Mütter aus unseren früheren Leben jetzt nicht mehr unsere Mütter sind, nur weil viel Zeit vergangen ist, seit sie tatsächlich für uns gesorgt haben. Wenn unsere jetzige Mutter sterben würde, würde sie dann aufhören, unsere Mutter zu sein? Nein, wir würden sie immer noch als unsere Mutter betrachten und für ihr Glück beten. Das gleiche gilt für alle unsere früheren Mütter – sie sind gestorben, bleiben aber dennoch unsere Mütter. Es liegt nur an den veränderten äußeren Erscheinungen, daß wir einander nicht erkennen.

Im täglichen Leben sehen wir viele verschiedene Lebewesen, menschliche und nichtmenschliche. Einige betrachten wir als Freunde, andere als Feinde und die meisten als Fremde. Diese Unterscheidungen werden

Manjushri

durch unsere fehlerhaften Geisteshaltungen getroffen, sie werden nicht durch einen gültigen Geist bestätigt. Aufgrund verschiedener karmischer Beziehungen, die wir in der Vergangenheit hatten, erscheinen uns einige Lebewesen jetzt anziehend, andere abstoßend und wieder andere weder anziehend noch abstoßend. Wir neigen dazu, diesen Erscheinungen zu glauben, als ob sie wirklich wahr wären und stellen sie nicht in Frage. Wir glauben, daß diejenigen, die uns als angenehm erscheinen, von sich aus angenehme Leute sind, während diejenigen, die wir abstoßend finden, tatsächlich unangenehm sind. Diese Denkweise ist eindeutig falsch. Wenn die Leute, die wir anziehend finden, von sich aus angenehme Leute wären, würde sie jeder, der ihnen begegnet, angenehm finden; und wenn die Leute, die wir abstoßend finden, von sich aus unangenehm wären, würde sie jeder, der ihnen begegnet, unangenehm finden. Dies trifft aber nicht zu. Statt solchen fehlerhaften Geisteshaltungen zu folgen, wäre es besser, alle Lebewesen als unsere Mütter zu betrachten. Wann immer wir jemandem begegnen, sollten wir denken: «Diese Person ist meine Mutter». Auf diese Weise werden wir gegenüber allen Lebewesen ein gleich warmes Gefühl der Zuneigung empfinden.

Betrachten wir alle Lebewesen als unsere Mütter, wird es uns leichtfallen, reine Liebe und Mitgefühl zu entwickeln. Unsere alltäglichen Beziehungen werden rein und stabil. Negative Handlungen, wie zum Beispiel andere Lebewesen zu töten oder ihnen Schaden zuzufügen, werden wir ganz natürlich vermeiden. Da es so nützlich ist, alle Lebewesen als unsere Mütter zu betrachten, sollten wir diese Denkweise ohne Zögern annehmen.

MEDITATION

Wir denken über diese Punkte so lange nach, bis wir zur Überzeugung gelangen, daß alle Lebewesen unsere Mütter sind. Danach meditieren wir mit einsgerichteter Konzentration über diesen Gedanken, um ihn zu festigen.

WIDMUNG

Wir widmen alle Tugenden, die wir in dieser Meditation erschaffen haben, dem Wohl aller Lebewesen, indem wir die Widmungsgebete rezitieren

ANSCHLIESSENDE PRAXIS

Zwischen den Meditationssitzungen sollten wir jedes Lebewesen, dem wir begegnen, als unsere Mutter betrachten. Dies schließt Tiere und Insekten und auch unsere Feinde ein. Anstatt Menschen als Freunde, Feinde oder Fremde einzustufen, sollten wir uns bemühen, sie alle gleich und als unsere Mütter zu sehen. Auf diese Weise werden wir die schädlichen Einstellungen von Anhaftung, Haß und Gleichgültigkeit überwinden.

10. SICH AN DIE GÜTE DER LEBEWESEN ERINNERN

Nachdem wir zur Überzeugung gelangt sind, daß alle Lebewesen unsere Mütter sind, denken wir über die Güte nach, die sie uns entgegengebracht haben, um ein Gefühl von zuneigungsvoller Liebe für sie zu entwikkeln. In dieser Meditation betrachten wir zunächst die unermeßlich große Güte, die uns jedes Lebewesen gezeigt hat, als es unsere Mutter war. Dann denken wir über die Güte nach, die wir zu anderen Zeiten von ihnen empfangen haben, und meditieren darüber.

VORBEREITUNG

Wir nehmen Zuflucht, erzeugen eine besondere Bodhichitta-Motivation und führen die übrigen vorbereitenden Übungen aus.

KONTEMPLATION

Wenn uns unsere Mutter nicht gewollt hätte, so hätte sie nach unserer Zeugung eine Abtreibung vornehmen lassen können. Hätte sie dies getan, hätten wir jetzt nicht dieses menschliche Leben. Sie war so gütig und erlaubte uns, in ihrem Körper heranzuwachsen, und darum können wir jetzt ein menschliches Leben und alle seine Vorteile erfahren. Hätten wir als Kleinkind nicht ihre ständige Fürsorge und Aufmerksamkeit erhalten, hätten wir sicherlich einen Unfall erlitten und könnten jetzt behindert, verkrüppelt oder blind sein. Glücklicherweise hat uns unsere Mutter nicht vernachlässigt. Tag und Nacht hat sie uns liebevoll umsorgt und uns wichtiger genommen als sich selbst. Sie hat uns täglich mehrfach das Leben gerettet. In der Nacht ließ sie es zu, daß wir ihren Schlaf unterbrachen und am Tag verzichtete sie auf ihre gewohnten Vergnügen. Sie mußte ihre Arbeitsstelle

Vajrapani

aufgeben und wenn ihre Freunde ausgingen, um sich zu amüsieren, mußte sie zurückbleiben. Sie gab ihr ganzes Geld für uns aus und gab uns die beste Nahrung und die besten Kleider, die sie sich leisten konnte. Sie brachte uns bei, wie man ißt, geht und spricht. Sie war um unsere Zukunft besorgt und tat ihr Bestes, um uns eine gute Ausbildung zu ermöglichen. Dank ihrer Güte können wir jetzt lernen, was immer wir wollen. Hauptsächlich dank der Güte unserer Mutter haben wir jetzt die Möglichkeit, Dharma zu praktizieren und schließlich Erleuchtung zu erlangen.

Da es niemanden gibt, der nicht in einem früheren Leben zu irgendeinem Zeitpunkt unsere Mutter gewesen ist und alle unsere früheren Mütter uns dieselbe Güte entgegengebracht haben, wie wir sie in diesem Leben von unseren gegenwärtigen Müttern empfangen haben, sind alle Lebewesen sehr gütig.

Die Güte der Lebewesen beschränkt sich nicht auf die Zeit, als sie unsere Mütter waren. Alle unsere täglichen Bedürfnisse werden ständig dank der Güte anderer befriedigt. Aus unserem früheren Leben haben wir nichts mitgebracht. Trotzdem bekamen wir sofort nach unserer Geburt ein Heim, Essen, Kleider und alles, was wir sonst noch brauchten, einzig aufgrund der Güte anderer. Alles, woran wir uns jetzt erfreuen, wurde uns durch die frühere oder gegenwärtige Großzügigkeit anderer zur Verfügung gestellt.

Wir können sehr viele Dinge benutzen, ohne selbst viel dazu beigetragen zu haben. Denken wir nur an Einrichtungen wie Straßen, Autos, Züge, Flugzeuge, Schiffe, Häuser, Restaurants, Hotels, Bibliotheken, Krankenhäuser, Geschäfte, Geld und vieles mehr, so ist es offensichtlich, daß viele Menschen sehr hart daran gearbeitet haben, all dies bereitzustellen. Obwohl wir wenig oder gar nichts dazu beigetragen haben, stehen uns diese Einrichtungen zur Verfügung. Dies zeigt uns die große Güte anderer.

Auch unsere allgemeine Ausbildung sowie unsere spirituelle Schulung erhalten wir von anderen. Alle unsere Dharma-Verwirklichungen, von den ersten Erkenntnissen bis zur Erlangung von Befreiung und Erleuchtung, erreichen wir nur dank der Güte anderer.

MEDITATION

Wir denken über die große Güte der Mutter-Lebewesen nach, bis in uns ein tiefes Gefühl der Dankbarkeit entsteht. Wir meditieren dann mit einsgerichteter Konzentration über dieses Gefühl.

WIDMUNG

Wir widmen alle Tugenden, die wir in dieser Meditation erschaffen haben, dem Wohl aller Lebewesen, indem wir die Widmungsgebete rezitieren.

ANSCHLIESSENDE PRAXIS

Bei allem, was wir tun, sollten wir die Erkenntnis bewahren, daß alle Lebewesen sehr gütig zu uns sind. Diese besondere Art und Weise, Lebewesen zu betrachten, wird verhindern, daß wir in Streitigkeiten verstrickt werden oder andere kritisieren. So erlangen wir mühelos die Verwirklichungen von Liebe, Mitgefühl und Bodhichitta.

11. GLEICHSTELLEN VOM SELBST UND ANDEREN

Das Selbst und andere gleichzustellen bedeutet, andere genauso zu schätzen, wie uns selbst. Bis jetzt waren wir nur um uns selbst besorgt. Diese Meditation hat zum Ziel, unser Gefühl der Wertschätzung zu teilen, damit wir fähig werden, uns selbst und alle anderen Lebewesen in gleichem Maße zu schätzen.

VORBEREITUNG

Wir nehmen Zuflucht, entwickeln eine besondere Bodhichitta-Motivation und führen die übrigen vorbereitenden Übungen aus.

KONTEMPLATION

Wir denken: «Es gibt drei korrekte Gründe, weshalb ich mich selbst und andere gleichermaßen schätzen sollte:

1. Sowohl in diesem wie auch in vorangegangenen Leben haben mir alle Lebewesen viel Güte entgegengebracht.
2. Genau wie ich wünschen sich alle Lebewesen, frei von Leiden zu sein und nur Glück zu erfahren. In dieser Hinsicht bin ich nicht anders als alle anderen Wesen; wir sind alle gleich.
3. Ich bin nur eine Person, während es unzählige andere Wesen gibt. Wie kann ich also nur mich selbst schätzen, während ich die anderen vernachlässige? Mein Glück und meine Leiden sind belanglos im Vergleich zum Glück und Leiden aller anderen Lebewesen.»

MEDITATION

Wir denken über diese drei Gründe nach, bis in unserem Geist eine tiefe Entschlossenheit entsteht, andere in

Maitreya

gleichem Maße zu schätzen wie uns selbst. Dann meditieren wir über diesen Entschluß so lange wie möglich mit einsgerichteter Konzentration.

WIDMUNG

Wir widmen alle Tugenden, die wir in dieser Meditation erschaffen haben, dem Wohl aller Lebewesen, indem wir die Widmungsgebete rezitieren.

ANSCHLIESSENDE PRAXIS

Wenn wir jemanden treffen oder an jemanden denken, sollten wir uns immer an den Entschluß erinnern, den wir in der Meditationssitzung gefaßt haben und alle aufrichtig schätzen. Wir sollten zuneigungsvolle Liebe für alle Lebewesen empfinden und ihr Glück und ihre Freiheit zu jeder Zeit achten. Schulen wir uns in dieser Weise, werden viele unserer alltäglichen Probleme verschwinden, denn die meisten unserer Probleme entstehen, weil wir uns selbst wichtiger nehmen als andere.

12. DIE NACHTEILE DER SELBST-WERTSCHÄTZUNG

Normalerweise halten wir uns selbst für besonders bedeutend und kostbar. Wir glauben, unser eigenes Glück sei das wichtigste. Diese Haltung, die «Selbst-Wertschätzung» genannt wird, ist ein großes Hindernis für die Entwicklung von Großem Mitgefühl und Bodhichitta. In dieser Meditation erzeugen wir eine starke Entschlossenheit, unsere Selbst-Wertschätzung zu überwinden, indem wir über die vielen Mängel und Nachteile der Selbst-Wertschätzung nachdenken.

VORBEREITUNG

Wir nehmen Zuflucht, entwickeln eine besondere Bodhichitta-Motivation und führen die übrigen vorbereitenden Übungen aus.

KONTEMPLATION

Aus Selbst-Wertschätzung führen wir viele negative Handlungen aus – körperliche, sprachliche und geistige. Als Folge dieser negativen Handlungen erfahren wir Leid und Unglück. Alles Leid, alle Ängste und unerfüllten Wünsche sind die Folge von negativem Karma, und alles negative Karma entsteht durch unsere Selbst-Wertschätzung.

Hören wir auch nur die geringste Kritik, sind wir sofort verletzt, da unser Geist der Selbst-Wertschätzung nur die Dinge hören möchte, die zu einem angenehmen Gefühl führen. Unsere Unzufriedenheit, alle Depressionen und unser geistiges Unbehagen werden durch Selbst-Wertschätzung verursacht.

Wenn ein Mutter-Lebewesen, wie zum Beispiel eine arme, hungrige Maus, auf der Suche nach Nahrung in unser Zimmer käme, würden wir wahrscheinlich unzufrieden werden und, anstatt Mitgefühl zu entwickeln, vielleicht sogar wütend werden. Das liegt daran, daß unsere Selbst-Wertschätzung nur uns selbst als wichtig ansieht und keinen Wunsch hat, anderen zu helfen.

Es wird allgemein angenommen, daß Selbst-Wertschätzung nötig sei, um zu überleben, und daß wir allein aus diesem Grund überhaupt für uns sorgten. Oberflächlich betrachtet, scheint dies wahr zu sein. Wenn wir aber gründlicher darüber nachdenken und dabei auch die Gesetze des Karmas miteinbeziehen, werden wir erkennen, daß gerade das Gegenteil zutrifft. Es ist die Selbst-Wertschätzung, die wir in unseren Herzen hegen, die für alle unsere Probleme verantwortlich ist. Sie zerstört laufend unser Wohlbefinden und bedroht sogar unser Überleben. So sind zum Beispiel manche Menschen derart enttäuscht oder wütend, weil ihre Wünsche nicht in Erfüllung gehen, daß sie sich selbst umbringen. Solche Wut oder Verzweiflung entsteht nur aufgrund unserer starken Anhaftung an unser eigenes Glück; deshalb ist Selbst-Wertschätzung indirekt sogar für Selbstmord verantwortlich. Nichts verursacht größeres Unheil als dieser Dämon der Selbst-Wertschätzung; er ist die Quelle aller Negativität und allen Unglücks.

Wir brauchen die Selbst-Wertschätzung nicht, um für uns selbst zu sorgen oder um zu überleben. Mit der Einstellung, daß unser Körper im Dienst anderer steht, können wir essen, uns waschen, arbeiten, uns ausruhen usw., alles ohne Selbst-Wertschätzung. Zudem sind Menschen, die andere aufrichtig lieben und die uneigennützig und anspruchslos sind, im allgemeinen sehr beliebt und erhalten leicht Hilfe.

MEDITATION

Wir denken über diese Punkte nach, bis wir eine tiefe Entschlossenheit entwickeln, unsere Selbst-Wertschätzung aufzugeben. Dann meditieren wir mit einsgerichteter Konzentration über diesen Entschluß.

Samantabhadra

WIDMUNG

Wir widmen alle Tugenden, die wir in dieser Meditation erschaffen haben, dem Wohl aller Lebewesen, indem wir die Widmungsgebete rezitieren.

ANSCHLIESSENDE PRAXIS

Wir sollten darauf achten, uns immer wieder die Fehler der Selbst-Wertschätzung vor Augen zu führen. Indem wir uns wiederholt an unsere in der Meditation gefaßte Entschlossenheit erinnern, sollten wir uns bemühen, die Selbst-Wertschätzung allmählich aufzugeben. Wenn wir Schwierigkeiten haben oder leiden, sollten wir nicht anderen Menschen oder äußeren Umständen die Schuld geben, sondern uns daran erinnern, daß alle unsere Probleme letztlich durch Selbst-Wertschätzung entstehen. Deshalb sollten wir nur unseren Geist der Selbst-Wertschätzung dafür verantwortlich machen, wenn etwas schiefgeht. Üben wir uns auf diese Weise, wird sich unsere Selbst-Wertschätzung, die Wurzel aller Fehler, allmählich verringern und wird schließlich ganz aufhören.

Ksitigarbha

13. DIE VORTEILE, ANDERE ZU SCHÄTZEN

Zuvor haben wir zuneigungsvolle Liebe für alle Mutter-Lebewesen entwickelt. Auf dieser Grundlage müssen wir nun wertschätzende Liebe erzeugen, eine Geisteshaltung, die alle Lebewesen als wichtig und einzigartig erachtet. Indem wir über die vielen Vorteile der wertschätzenden Liebe nachdenken, erzeugen wir in dieser Meditation eine tiefe Entschlossenheit, andere zu schätzen.

VORBEREITUNG

Wir nehmen Zuflucht, erzeugen eine besondere Bodhichitta-Motivation und führen die übrigen vorbereitenden Übungen aus.

KONTEMPLATION

Bei genauerer Betrachtung werden wir erkennen, daß unser gesamtes gegenwärtiges und zukünftiges Glück von unserer Wertschätzung für andere abhängig ist. Wie kommt das? Weil wir andere schätzten, haben wir in unseren vergangenen Leben moralische Disziplin ausgeübt. Wir haben zum Beispiel darauf verzichtet, andere zu töten, ihnen Schaden zuzufügen oder sie zu bestehlen. Manchmal haben wir aus Zuneigung zu ihnen Geben und Geduld praktiziert. Als Ergebnis dieser positiven Handlungen haben wir jetzt dieses kostbare menschliche Leben erhalten. Da wir außerdem in der Vergangenheit anderen manchmal geholfen und ihnen Schutz gewährt haben, erfreuen wir uns jetzt angenehmer Umstände und bekommen selbst Hilfe.

Wenn wir anderen aufrichtig Wertschätzung entgegenbringen, wird uns in diesem und in zukünftigen Leben viel Gutes widerfahren. Als sofortige Auswirkung werden viele unserer Probleme, wie zum Beispiel diejenigen, die durch Wut und Neid entstanden sind, verschwinden, und unser Geist wird ruhig und friedvoll werden. Da wir rücksichtsvoll handeln werden, werden wir anderen Freude bereiten und uns nicht in Streitereien und Kämpfe verwickeln. Wenn wir andere schätzen, werden wir darum bemüht sein, ihnen nicht zu schaden, und damit werden wir ganz natürlich negative Handlungen vermeiden. Stattdessen werden wir positive Handlungen ausüben, wie Liebe, Geduld und Freigebigkeit, und schaffen dadurch die Ursache, in der Zukunft ein kostbares menschliches Leben zu erlangen.

Wenn wir die Wertschätzung anderer zu unserer Hauptpraxis machen, werden wir allmählich den ganz besonderen Geist des Großen Mitgefühls und des Bodhichittas entwickeln. Als Folge davon werden wir schließlich das höchste Glück der vollen Erleuchtung genießen können.

MEDITATION

Wir denken über diese Punkte nach, bis wir zum Entschluß kommen: «Ich muß andere Wesen immer schätzen, da dieser wertvolle Geist der Liebe mir und anderen Glück bringen wird.» Dann halten wir diesen Gedanken fest und meditieren mit einsgerichteter Konzentration so lange wie möglich darüber.

WIDMUNG

Wir widmen alle Tugenden, die wir in dieser Meditation erschaffen haben, dem Wohl aller Lebewesen, indem wir die Widmungsgebete rezitieren.

ANSCHLIESSENDE PRAXIS

In der Meditationspause sollten wir die Vorteile, andere zu schätzen, immer in Erinnerung behalten und allmählich unsere Rücksichtnahme, unseren Respekt und unsere Liebe für andere vergrößern.

14. AUSTAUSCHEN VOM SELBST MIT ANDEREN

Das Selbst mit anderen auszutauschen bedeutet, das Objekt unserer Wertschätzung zu ändern, so daß wir die Selbst-Wertschätzung aufgeben und nur anderen Wertschätzung entgegenbringen.

VORBEREITUNG

Wir nehmen Zuflucht, erzeugen eine besondere Bodhichitta-Motivation und führen die übrigen vorbereitenden Übungen aus.

KONTEMPLATION

Seit anfangsloser Zeit haben wir nur uns selbst geschätzt. Unsere Selbst-Wertschätzung war so stark, daß wir unser eigenes Wohl nicht einen Augenblick außer acht ließen, nicht einmal während des Schlafes. Immer und immer wieder hat uns diese Haltung dazu gebracht, das Karma zu schaffen, in Samsara wiedergeboren zu werden und unaufhörlich zu leiden.

Buddha selbst und viele seiner Anhänger verstanden die Nachteile der Selbst-Wertschätzung und die Vorteile, andere zu schätzen. Sie erkannten, daß die Hauptursache für das endgültige Glück der Buddhaschaft das Austauschen vom Selbst mit anderen ist. Deshalb gaben sie die Selbst-Wertschätzung auf und lernten, das Glück aller anderen Lebewesen als von größter Wichtigkeit zu erachten. Sie widmeten alle ihre Handlungen dem Wohlergehen anderer. Als Ergebnis erlangten sie die volle Erleuchtung und konnten viele Lebewesen vor den Leiden Samsaras retten.

MEDITATION

Wir denken über diese Punkte nach, bis wir ein tiefes Verständnis davon gewinnen. Schließlich gelangen wir

Sarvanivaranaviskambini

zum Schluß: «Ich muß die Selbst-Wertschätzung aufgeben und nur andere schätzen, weil die Selbst-Wertschätzung die Quelle allen Leidens und die Wurzel Samsaras ist und weil die Wertschätzung anderer die Ursache allen Glücks und die Wurzel der Befreiung sowie der vollen Erleuchtung ist.» Wenn dieser Entschluß in unserem Geist entsteht, meditieren wir darüber mit einsgerichteter Konzentration.

WIDMUNG

Wir widmen alle Tugenden, die wir in dieser Meditation erschaffen haben, dem Wohl aller Lebewesen, indem wir die Widmungsgebete rezitieren.

ANSCHLIESSENDE PRAXIS

Wir behalten den in der Meditation gefaßten Entschluß achtsam in unserem Geist und bemühen uns, unserer instinktiven Selbst-Wertschätzung nicht nachzugeben, sondern andere zu schätzen. Sind wir erst einmal vertraut mit dem Austauschen vom Selbst mit anderen, werden wir wie der große tibetische Bodhisattva Geshe Langri Tangpa fähig sein, jeden Schmerz und alle Schwierigkeiten, wie Krankheit, Verlust oder Kritik, freudig anzunehmen und den gesamten Erfolg und alle guten Umstände anderen darzubringen.

Akashagarbha

15. GROSSES MITGEFÜHL

Nachdem wir wertschätzende Liebe für alle Lebewesen entwickelt haben, denken wir jetzt über ihr Leiden nach, damit wir Mitgefühl für sie erzeugen können. In dieser Meditation stellen wir uns vor, daß sich unsere gegenwärtigen Eltern neben uns befinden, umgeben von allen Lebewesen der sechs Bereiche. Um die Visualisierung zu vereinfachen, können wir uns alle Wesen in menschlichem Aspekt vorstellen. Wir sollten uns jedoch bewußt sein, daß es in Wirklichkeit die Wesen der sechs Bereiche sind, die ihre eigenen, ganz besonderen Leiden haben.

VORBEREITUNG

Wir nehmen Zuflucht, entwickeln eine besondere Bodhichitta-Motivation und führen die übrigen vorbereitenden Übungen aus.

KONTEMPLATION

Keines dieser armen Wesen, die um mich versammelt sind, möchte leiden. Sie alle sehnen sich danach, frei zu sein, aber sie wissen nicht, wie sie entfliehen können. Sie sind verwirrt und erkennen die wahren Ursachen des Leidens nicht, darum können sie die Mittel nicht finden, die das Leiden beseitigen. In ihrer Unwissenheit begehen sie ständig Handlungen, die Wiedergeburten in Samsara verursachen. Es scheint, als nähme ihr Elend kein Ende.

Da sie in Samsara wiedergeboren wurden, sind alle diese Wesen andauerndem Leiden ausgesetzt. Die Menschen zum Beispiel erfahren unerträgliche menschliche Leiden. Ohne jede Wahl müssen sie die Leiden der Geburt, des Alterns, der Krankheit und des Todes durchmachen. Immer wieder müssen sie sich von dem trennen, was ihnen lieb ist und dem begegnen, was sie nicht mögen. Es gelingt ihnen niemals, ihre Wünsche zu erfüllen, sondern sie erleben ständig Enttäuschung und Frustration.

Wenn wir uns an die Kontemplationen über die sieben Formen des Leidens aus der Meditation über Entsagung erinnern und diese nun auf andere Menschen übertragen, werden wir erkennen, daß alle unaufhörlich leiden. Wir können uns des menschlichen Leidens tiefer bewußt werden, wenn wir uns an Tragödien erinnern, die wir selbst miterlebt, über die wir gelesen oder die wir im Fernsehen gesehen haben.

Das Leiden der Tiere ist hundertmal schlimmer als das Leiden der Menschen, und das Leiden der Hungrigen Geister ist nochmals um vieles schrecklicher. Die furchtbarsten und längsten Leiden erleben die Wesen in den Höllenbereichen.

Obwohl die Götter und Halbgötter im allgemeinen bessere körperliche Bedingungen als die Menschen genießen, sind auch sie nicht frei von geistigem Leiden. In Zukunft werden auch sie wieder die ungeheuer großen Leiden der niederen Bereiche ertragen müssen.

MEDITATION

Wir denken über diese Punkte nach, bis in unserem Geist eine starke Empfindung von Mitgefühl für alle Lebewesen entsteht. Wir erzeugen den mitfühlenden Wunsch: «Wie wunderbar wäre es, wenn alle Lebewesen frei von Leiden wären», und meditieren über diesen Wunsch so lange wie möglich.

WIDMUNG

Wir widmen alle Tugenden, die wir in dieser Meditation erschaffen haben, dem Wohl aller Lebewesen, indem wir die Widmungsgebete rezitieren.

ANSCHLIESSENDE PRAXIS

In der Meditationspause sollten wir Tag und Nacht versuchen, ein mitfühlendes Herz zu bewahren. Wenn wir die Leiden anderer sehen oder davon hören, sollten wir immer bestrebt sein, unser Mitgefühl zu vertiefen. Wir müssen auch versuchen, wo immer möglich, ganz praktische Hilfe zu leisten. So können wir zum Beispiel Tiere retten, deren Leben in Gefahr ist, wir können Verzweifelte trösten und den Schmerz der Kranken lindern.

Atisha

16. NEHMEN

Jetzt, nachdem wir den mitfühlenden Wunsch entwickelt haben, daß alle Lebewesen frei von Leiden sind, müssen wir erkennen, daß dieser Wunsch allein nicht genügt. Wir müssen persönlich die Verantwortung übernehmen, daß er Wirklichkeit wird.

VORBEREITUNG

Wir nehmen Zuflucht, erzeugen eine besondere Bodhichitta-Motivation und führen die übrigen vorbereitenden Übungen aus.

KONTEMPLATION

Wir beginnen mit der Erzeugung der höheren Absicht: «Ich selbst werde alle Wesen von ihren Leiden befreien.» Motiviert durch diese höhere Absicht beten wir: «Mögen alle Leiden, Ängste und Hindernisse eines jeden Lebewesens in mir reifen, und mögen sie dadurch von allen Problemen befreit sein.» Wir stellen uns vor, daß sich all ihre Leiden, Ängste und Hindernisse im Aspekt von schwarzem Rauch sammeln. Der schwarze Rauch löst sich in unser Herz auf, zerstört unseren sich selbst schätzenden Geist, und alle Lebewesen werden von ihren Leiden befreit.

MEDITATION

Wir entwickeln die tiefe Überzeugung, daß alle Lebewesen wirklich von ihren Leiden befreit sind und daß unsere Selbst-Wertschätzung vollständig zerstört ist. Diese Überzeugung entfacht in uns ein Gefühl großer Freude. Wir nehmen dieses Gefühl der Freude als Meditationsobjekt und halten es so lange wie möglich mit einsgerichteter Konzentration.

WIDMUNG

Wir widmen alle Tugenden, die wir in dieser Meditation erschaffen haben, dem Wohl aller Lebewesen, indem wir die Widmungsgebete rezitieren.

ANSCHLIESSENDE PRAXIS

In der Meditationspause sollten wir unsere mitfühlende Absicht in die Praxis umsetzen, indem wir, wo immer möglich, das Leiden anderer lindern. Auf diese Weise nehmen unser Mitgefühl sowie unsere Verdienste zu. Geduldig sollten wir jedes Unglück, das uns widerfährt, annehmen. Unser eigenes Leiden sollte uns als Beispiel dienen, um Verständnis für andere zu entwickeln. Wenn wir auf diese Weise praktizieren, wird sich unsere Selbst-Wertschätzung allmählich verringern, und wir werden den Mut bekommen, tatsächlich das Leiden anderer auf uns zu nehmen.

17. WÜNSCHENDE LIEBE

In dieser Meditation stellen wir uns einmal mehr vor, daß wir von allen Lebewesen umgeben sind und unsere Eltern sich neben uns befinden. Wir erinnern uns an die Liebe aus den vorangegangenen Meditationen, die alle Wesen gleichermaßen schätzt. Mit dieser Geisteshaltung denken wir darüber nach, daß alle Wesen, die um uns versammelt sind, kein wirkliches Glück besitzen. Dies erweckt in uns ganz natürlich den Wunsch, daß alle diese Wesen reines Glück finden. Dieser Wunsch wird «wünschende Liebe» genannt.

VORBEREITUNG

Wir nehmen Zuflucht, erzeugen eine besondere Bodhichitta-Motivation und führen die übrigen vorbereitenden Übungen aus.

KONTEMPLATION

Obwohl sich alle diese Wesen nach wirklichem Glück sehnen, wissen sie nicht, wie es zu erlangen ist. Statt Handlungen auszuführen, die zu wirklichem Glück führen, zerstören sie alle ihre Verdienste, indem sie wütend werden, falsche Sichtweisen einnehmen oder andere negative Handlungen begehen.

Niemand in Samsara genießt wirkliches Glück. Das Glück, das samsarische Wesen erfahren, ist nichts anderes als weltliches Vergnügen, und dieses ist eigentlich sich veränderndes Leiden. Alle Freuden in Samsara sind von kurzer Dauer und wandeln sich früher oder später in Schmerz um. Die weltlichen Freuden zum Beispiel, die wir in gewöhnlichen Beziehungen erleben, bedeuten nicht wirkliches Glück, sondern sind nur eine vorübergehende Verminderung unserer Einsamkeit. Früher oder später tauchen in unserer Beziehung Schwierigkeiten

Dromtönpa

auf, oder sie findet ein Ende. Unsere Vergnügen dauern niemals an.

Im allgemeinen glauben wir, reiche Menschen müßten wirklich glücklich sein, weil sie die Vergnügen und luxuriösen Annehmlichkeiten genießen können, die auch wir gerne genießen würden. Tatsächlich aber sind die Vergnügen, die sie erfahren, bloß eine vorübergehende Verminderung des Leidens der Unzufriedenheit, das aus ihrem unerfüllten Verlangen entsteht.

MEDITATION

Wir denken über diese Punkte nach, bis wir einen aufrichtigen Wunsch erzeugen: «Wie wunderbar wäre es, wenn alle Wesen wirkliches Glück erfahren würden.» Dieser Geist der wünschenden Liebe ist unser Meditationsobjekt. Wir halten ihn mit einsgerichteter Konzentration.

WIDMUNG

Wir widmen alle Tugenden, die wir in dieser Meditation erschaffen haben, dem Wohl aller Lebewesen, indem wir die Widmungsgebete rezitieren.

ANSCHLIESSENDE PRAXIS

In der Meditationspause sollten wir Tag und Nacht wünschende Liebe bewahren, indem wir uns immer wieder in Erinnerung rufen, daß die Lebewesen, die wir so sehr schätzen, kein wirkliches Glück erleben. Sind unsere Herzen von reiner Liebe erfüllt, können wir durch Wut und Neid nicht gestört werden.

Geshe Potowa

18. GEBEN

Nachdem wir den Wunsch entwickelt haben, daß alle Wesen glücklich sind, schulen wir uns jetzt darin, ihnen tatsächlich Glück zu geben.

VORBEREITUNG

Wir nehmen Zuflucht, erzeugen eine besondere Bodhichitta-Motivation und führen die übrigen vorbereitenden Übungen aus.

KONTEMPLATION

Wir beginnen mit der Erzeugung folgender Absicht: «Da ich mir wünsche, daß alle Wesen wahrhaft glücklich werden, muß ich etwas tun, damit dies wirklich geschieht.» Mit dieser Motivation stellen wir uns vor, daß sich unser Körper in ein wunscherfüllendes Juwel verwandelt, von dem Licht in alle Richtungen ausstrahlt und alle sechs Bereiche erhellt. Durch dieses Licht erhalten die Menschen alles, was sie sich wünschen; die Tiere werden von allen Gefahren befreit; die Hungrigen Geister bekommen Speise und Trank; die Wesen der kalten Höllen erhalten Wärme, und eine kühlende Brise erfrischt die Wesen der heißen Höllen. Den Halbgöttern wird Schutz gewährt, und die Götter werden mit nichtverunreinigtem Glück gesegnet.

MEDITATION

Wir entwickeln die tiefe Überzeugung, daß als Ergebnis unserer Praxis des Gebens alle Lebewesen nichtverunreinigtes Glück und reine Zufriedenheit erfahren. Mit dieser Überzeugung entwickeln wir ein besonderes Gefühl der Freude. Wir meditieren über dieses Gefühl so lange wie möglich.

Sind wir einmal vertraut mit den Meditationen des Nehmens und des Gebens, wie sie hier erklärt wurden, können wir sie vereinigen, indem wir sie mit der Atmung verbinden. Für diese Praxis müssen wir die korrekte Motivation von Mitgefühl und Liebe für alle Wesen haben. Wir atmen ganz natürlich und stellen uns vor, daß wir beim Einatmen alle Leiden, Verblendungen und das negative Karma aller Lebewesen in Form von schwarzem Rauch in uns aufnehmen. Dieser schwarze Rauch geht durch unsere Nase zu unserem Herzen hinab, wo er unseren sich selbst schätzenden Geist vollständig zerstört. Als Ergebnis verwandelt sich unser Geist in nichtverunreinigte Glückseligkeit, und unser Körper wird zum reinen Körper eines Buddhas. Dann atmen wir weißes Licht aus, das den Geist aller Lebewesen segnet und ihnen alles gewährt, was sie auch immer begehren oder brauchen. Wir wiederholen diese Visualisierung mit jeder Ein- und Ausatmung.

Da wir uns in kurzer Zeit recht viel vorstellen müssen, ist es schwierig, diese Praxis auszuüben, wenn wir nicht bereits mit den grundlegenden Meditationen des Nehmens und Gebens vertraut sind. Beherrschen wir diese aber, verfügen wir über eine außerordentlich kraftvolle Methode, um unser Mitgefühl, unsere Liebe und unseren Bodhichitta zu entwickeln und zu vertiefen.

Der Atem und der Geist stehen in enger Beziehung. Wird unser Atem für tugendhafte Zwecke genutzt, wird er allmählich rein werden und das Ergebnis wird ein Geist sein, der immer friedvoller wird. Da wir immer atmen, können wir leicht die ganze Zeit friedvolle und tugendhafte Geisteszustände bewahren, wenn wir diese Methode anwenden, um unseren Atem rein zu halten.

Ausführlichere Anweisungen über Nehmen und Geben können im Buch *Allumfassendes Mitgefühl* gefunden werden.

WIDMUNG

Wir widmen alle Tugenden, die wir in dieser Meditation erschaffen haben, dem Wohl aller Lebewesen, indem wir die Widmungsgebete rezitieren.

ANSCHLIESSENDE PRAXIS

In der Meditationspause sollten wir uns bemühen, Geben zu praktizieren: Geben von materiellen Dingen, Geben von Dharma und Geben von Furchtlosigkeit. Wir sollten versuchen, anderen zu helfen, wann immer wir können. Zudem sollten wir beten und unsere Verdienste widmen, damit alle Lebewesen reines Glück erlangen. Auf diese Weise nehmen unsere wünschende Liebe und auch unsere Verdienste zu.

Je Tsongkhapa

19. BODHICHITTA

Die elf Meditationen, von Gleichmut entwickeln bis zum Geben, sind die eigentlichen Methoden, um Bodhichitta zu erzeugen. Im allgemeinen gibt es dafür zwei Methoden: die Methode der siebenfachen Ursache und Wirkung sowie die Methode des Gleichstellens und Austauschens vom Selbst mit anderen. Das hier vorgestellte System ist eine Synthese dieser zwei Überlieferungen. Indem wir unsere Erfahrung in diesen Meditationen vertiefen, erzeugen wir einen besonderen Bodhichitta. Insbesondere bewirkt die höhere Absicht, die durch Nehmen und Geben erzeugt wird, einen außerordentlich starken Bodhichitta. Bodhichitta wird als primärer Geist definiert, der, motiviert durch die besondere höhere Absicht, die aus dem Austauschen vom Selbst mit anderen entsteht, spontan die Erlangung der Buddhaschaft zum Wohl aller Lebewesen anstrebt.

VORBEREITUNG

Wir nehmen Zuflucht, erzeugen eine besondere Bodhichitta-Motivation und führen die übrigen vorbereitenden Übungen aus.

KONTEMPLATION

Wir erinnern uns an die höhere Absicht, die wir in der Meditation über Nehmen erzeugt haben und denken: «Ich habe die Verantwortung übernommen, alle Lebewesen von Leiden zu befreien. Wie aber soll mir das gelingen, wenn ich nicht zuerst selbst die Erleuchtung erlange? Denn nur ein Buddha hat die Macht, alle Lebewesen vor Leiden zu schützen und ihnen reine Glückseligkeit zu geben. Deshalb muß ich ein Buddha werden, um meinen Wunsch zu erfüllen, andere von ihren Leiden zu befreien.»

MEDITATION

Wenn wir durch diese Überlegungen zum Schluß kommen: «Ich muß Buddhaschaft zum Wohle aller erlangen», dann halten wir diesen Entschluß so lange wie möglich mit einsgerichteter Konzentration. Wenn der Gedanke sich abzuschwächen beginnt, bauen wir ihn durch erneute Kontemplation wieder auf.

WIDMUNG

Wir widmen alle Tugenden, die wir in dieser Meditation erschaffen haben, dem Wohl aller Lebewesen, indem wir die Widmungsgebete rezitieren.

ANSCHLIESSENDE PRAXIS

Wir sollten versuchen, Tag und Nacht Bodhichitta zu bewahren. Vor allem sollten wir sicherstellen, daß alle Handlungen, die wir ausführen, welcher Art sie auch sein mögen, durch Bodhichitta motiviert sind. Auf diese Weise werden alle unsere Handlungen zu kraftvollen Ursachen für die Buddhaschaft.

Haben wir eine gewisse Erfahrung von Bodhichitta gewonnen, sollten wir ihn durch die Praxis der Drei Höheren Schulungen des Mahayanas zur Vollendung bringen: durch die Schulung in der Vollkommenheit der moralischen Disziplin, indem wir die Bodhisattva-Gelübde rein halten, durch die Schulung in der Vollkommenheit der geistigen Stabilisierung, indem wir das Erlangen des Ruhigen Verweilens anstreben, und durch die Schulung in der Vollkommenheit der Weisheit, indem wir das Höhere Sehen entwickeln.

20. RUHIGES VERWEILEN

Um unseren Geist vom Festhalten am Selbst, der Wurzel aller Verblendungen, zu befreien, brauchen wir eine direkte Verwirklichung der Leerheit. Diese wiederum hängt vom Ruhigen Verweilen ab. Ohne Ruhiges Verweilen ist unser Geist unstabil wie eine Kerzenflamme, die dem Wind ausgesetzt ist, und deshalb sind wir nicht in der Lage, subtile Objekte wie Leerheit klar und direkt zu erkennen. Nicht nur die direkte Verwirklichung der Leerheit hängt vom Ruhigen Verweilen ab; wir brauchen Ruhiges Verweilen auch, um reine Hellsicht, Wunderkräfte sowie spontane Verwirklichungen von Entsagung und Bodhichitta zu erlangen.

Im allgemeinen ist unser Geist immer, wenn wir in reiner Konzentration auf einem Objekt der einundzwanzig Meditationen verweilen, in einem ruhigen Zustand, frei von Ablenkungen; dies ist die Funktion der reinen Konzentration. Das eigentliche Ruhige Verweilen hingegen ist eine besondere Konzentration, die durch das Vollenden der Schulung in den neun Ebenen der Konzentration – bekannt als die «neun Ebenen des geistigen Verweilens» – erlangt wird und die mit einer besonderen Glückseligkeit von geistiger und körperlicher Geschmeidigkeit verbunden ist. Um uns in Ruhigem Verweilen zu schulen, müssen wir zuerst ein Meditationsobjekt wählen. Jedes der einundzwanzig Meditationsobjekte ist geeignet. Wählen wir zum Beispiel Gleichmut, Liebe, Mitgefühl oder Bodhichitta, verwandeln wir zuerst unseren Geist in den entsprechenden Geisteszustand, indem wir die geeignete Kontemplation ausführen, und halten dann diesen Geisteszustand mit einsgerichteter Konzentration. Wählen wir ein Objekt wie Leerheit, Unbeständigkeit oder die Kostbarkeit dieses menschlichen Lebens, entwickeln wir zuerst ein klares geistiges Bild des Objektes, indem wir die geeignete Kontemplation ausführen.

Je Phabongkhapa

Dann konzentrieren wir uns mit einsgerichteter Konzentration auf dieses Bild.

Wenn wir uns in Ruhigem Verweilen schulen, müssen wir fünf große Fehler überwinden: Faulheit, Vergeßlichkeit, Sinken und Erregung, Nichtanwendung und Anwendung. Dazu üben wir uns in den acht Gegenmitteln: Vertrauen, Bestreben, Bemühen, Geschmeidigkeit, Achtsamkeit, Wachsamkeit, Anwendung und Nichtanwendung. Diese werden in *Freudvoller Weg* ausführlich beschrieben.

Die folgenden Anweisungen erläutern, wie wir mit der Schulung in Ruhigem Verweilen beginnen, indem wir Großes Mitgefühl als Meditationsobjekt verwenden. Wenn wir ein anderes Objekt wählen, ändern wir die Anweisungen entsprechend ab.

VORBEREITUNG

Wir nehmen Zuflucht, erzeugen eine besondere Bodhichitta-Motivation und führen die übrigen vorbereitenden Übungen aus.

KONTEMPLATION

Indem wir uns unsere früheren Meditationen in Erinnerung rufen, entwickeln wir zuerst die Liebe, die alle anderen Lebewesen schätzt. Mit diesem Geist denken wir eingehend über das Leiden dieser armen Wesen nach. Wenn als Ergebnis dieser Überlegungen tiefes Mitgefühl in unserem Geist entsteht, dann haben wir unser Objekt für die Meditation des Ruhigen Verweilens gefunden.

MEDITATION

Nachdem wir unseren Geist in Mitgefühl umgewandelt haben, beenden wir die Kontemplation und halten diesen Geist mit großer Konzentration. Dies ist die erste der neun Ebenen des geistigen Verweilens. Wenn das Objekt schwächer wird oder unser Geist zu einem anderen Objekt wandert, kehren wir zur Kontemplation zurück, um das Objekt in unseren Geist zurückzubringen. Einmal mehr brechen wir dann unsere Kontemplation ab und halten das Objekt mit einsgerichteter Konzentration. So fahren wir fort bis zum Ende der Sitzung, indem wir zwischen Kontemplation und Meditation abwechseln.

Auf diese Weise verbessern wir unsere Konzentration nach und nach, bis wir fähig sind, uns für fünf Minuten auf unser Objekt zu konzentrieren. Damit haben wir die zweite Ebene des geistigen Verweilens erlangt. Durch eine schrittweise Verbesserung unserer Konzentration werden wir auf den neun Ebenen des geistigen Verweilens fortschreiten und schließlich das Ruhige Verweilen selbst erlangen. Zu diesem Zeitpunkt wird unser Geist der Geist eines Gottes des Formbereiches sein, obwohl wir immer noch einen menschlichen Körper haben.

WIDMUNG

Wir widmen alle Tugenden, die wir in dieser Meditation erschaffen haben, dem Wohl aller Lebewesen, indem wir die Widmungsgebete rezitieren.

ANSCHLIESSENDE PRAXIS

Die wichtigste Praxis während der Meditationspause ist das sorgfältige Einhalten reiner moralischer Disziplin. Wir verlassen uns dabei auf Achtsamkeit und Gewissenhaftigkeit. Wir vermeiden damit ablenkende Verstrickungen, die unsere Schulung in Ruhigem Verweilen behindern. Immer wieder denken wir über die Vorteile des Erlangens von Ruhigem Verweilen nach, um unsere Begeisterung für die Praxis zu vergrößern. Um unser Verständnis zu verbessern, sollten wir authentische Anweisungen zum Ruhigen Verweilen lesen, wie sie in *Freudvoller Weg* und *Sinnvoll zu betrachten* zu finden sind.

Haben wir die vierte Ebene des geistigen Verweilens erreicht, sind wir bereit, in einen strengen Retreat über Ruhiges Verweilen zu gehen. In einigen Fällen ist es möglich, auf dieser Stufe innerhalb von sechs Monaten das eigentliche Ruhige Verweilen zu erlangen. Damit unser Retreat des Ruhigen Verweilens zum Erfolg führt, müssen wir einen geeigneten Ort finden, der sehr ruhig ist und alle notwendigen Voraussetzungen aufweist. Wir müssen geringe Wünsche haben und fähig sein, immer zufrieden zu bleiben. Während des Retreats sollten wir weltliche Tätigkeiten vermeiden und reine moralische Disziplin halten, so können ablenkende Vorstellungen vermindert werden. Kurz gesagt, wir müssen uns von allem befreien, was die Entwicklung der Konzentration behindern könnte und alle förderlichen inneren und äußeren Voraussetzungen schaffen.

Kyabje Trijang Rinpoche

21. HÖHERES SEHEN

Höheres Sehen ist eine Weisheit, die nach dem Erlangen des Ruhigen Verweilens verwirklicht und von einer besonderen Glückseligkeit der Geschmeidigkeit gehalten wird, die durch die Analyse der Natur des Objektes erzeugt wird. Das Hauptobjekt des Höheren Sehens ist Leerheit; deshalb wird in diesem Abschnitt die Meditation über Leerheit besonders betont.

Leerheit ist nicht gleichzusetzen mit dem Nichts, sondern ist das Fehlen von inhärenter Existenz. Durch unseren am Selbst festhaltenden Geist projizieren wir fälschlicherweise auf alle Phänomene eine inhärente Existenz. Alle Phänomene erscheinen unserem Geist ganz natürlich als inhärent existierend, und da wir nicht erkennen, daß diese Erscheinungen irreführend sind, glauben wir ihnen instinktiv und betrachten Phänomene als inhärent oder wahrhaft existierend. Das ist die grundlegende Ursache, weshalb wir in Samsara sind.

Es gibt zwei Stufen, um Leerheit zu verwirklichen. Auf der ersten Stufe müssen wir die Art und Weise klar erkennen, wie die Phänomene unserem Geist als inhärent existierend erscheinen und wie wir fest an die Wahrheit dieser Erscheinung glauben. Dieser Vorgang wird «das Objekt der Verneinung identifizieren» genannt. Wenn unser Verständnis von Leerheit wirkungsvoll sein soll, ist es von größter Bedeutung, daß wir zu Beginn eine sehr klare Vorstellung von dem Objekt haben, das zu verneinen ist. Auf der zweiten Stufe widerlegen wir das Objekt der Verneinung. Durch verschiedene Gedankengänge beweisen wir uns, daß das Objekt der Verneinung nicht wirklich existiert. Auf diese Weise werden wir schließlich die Abwesenheit oder Nichtexistenz des Objektes der Verneinung realisieren, und das ist Leerheit.

Da das Festhalten an uns selbst und an unserem Körper am stärksten ausgeprägt ist, sollten wir mit der

Kontemplation der Leerheit dieser beiden Phänomene beginnen. Wie wir uns darin schulen, zeigen die zwei unten aufgeführten Meditationen: die Meditation über die Leerheit des Ichs und die Meditation über die Leerheit des Körpers.

VORBEREITUNG

Wir nehmen Zuflucht, erzeugen eine besondere Bodhichitta-Motivation und führen die übrigen vorbereitenden Übungen aus.

ERSTE KONTEMPLATION

Die Leerheit des Ichs

Das Objekt der Verneinung identifizieren

Obwohl wir ständig an einem inhärent existierenden Ich festhalten, sogar während des Schlafens, ist es nicht leicht festzustellen, wie das Ich unserem Geist erscheint. Um es klar zu identifizieren, müssen wir damit beginnen, dem Ich zu erlauben, sich stark zu manifestieren. Zu diesem Zweck versetzen wir uns in Situationen, die in uns ein übertrieben großes Ich-Gefühl hervorrufen, sei es, weil wir uns schämen, Angst haben, verlegen oder entrüstet sind. Wir erinnern uns an eine dieser Situationen oder stellen sie uns vor, ohne sie zu beurteilen oder zu analysieren. Wir versuchen, uns ein klares geistiges Bild davon zu machen, wie das Ich uns normalerweise in solchen Momenten erscheint. Auf dieser Stufe müssen wir geduldig bleiben, da es viele Sitzungen dauern kann, bis wir ein klares Bild erhalten. Schließlich werden wir sehen, daß das Ich fest und real zu sein scheint, so als ob es aus eigener Kraft, unabhängig von Körper oder Geist, existieren würde. Dieses lebhaft erscheinende Ich ist das inhärent existierende Ich, das wir so überaus lieben und schätzen. Es ist das Ich, das wir verteidigen, wenn wir kritisiert werden, und auf das wir so stolz sind, wenn wir gelobt werden.

Haben wir eine klare Vorstellung bekommen, wie das Ich unter solch extremen Umständen erscheint, sollten wir versuchen zu erkennen, wie das Ich unter normalen Umständen, in weniger extremen Situationen, erscheint. Wir können zum Beispiel das Ich beobachten, das gegenwärtig meditiert, und so versuchen zu entdecken, wie es unserem Geist erscheint. Schließlich werden wir sehen, daß das Ich, obwohl es in diesem Fall kein übertriebenes Ich-Gefühl gibt, trotzdem noch als inhärent existierend erscheint, so als ob es aus eigener Kraft, unabhängig von Körper und Geist, existieren würde.

Haben wir ein Bild des inhärent existierenden Ichs bekommen, richten wir für eine Weile unsere einsgerichtete Konzentration darauf. Dann fahren wir mit der zweiten Stufe fort.

Das Objekt der Verneinung widerlegen

Wenn das Ich so existiert, wie es erscheint, dann muß es auf eine der vier folgenden Arten existieren: als Körper, als Geist, als Ansammlung von Körper und Geist oder als etwas, das von Körper und Geist getrennt ist. Es gibt keine andere Möglichkeit. Wir denken sorgfältig darüber nach, bis wir zur Überzeugung gelangen, daß es sich so verhält. Dann fahren wir fort und untersuchen jede der vier Möglichkeiten:

1. Ist das Ich der Körper, so ergibt es keinen Sinn von «meinem Körper» zu sprechen, da der Besitzer und der Besitz identisch sind.

   Ist das Ich der Körper, so gibt es keine Wiedergeburt, weil das Ich mit dem Tod des Körpers zu existieren aufhört.

   Sind das Ich und der Körper identisch, dann folgt aus der Tatsache, daß wir fähig sind,

Vertrauen zu entwickeln, zu träumen oder mathematische Rätsel zu lösen, daß unser Fleisch, unser Blut und unsere Knochen dies auch tun können.

Da keine dieser Folgerungen stimmt, ist das Ich nicht der Körper.

2. Ist das Ich der Geist, so ist es unlogisch von «meinem Geist» zu sprechen, weil der Besitzer und der Besitz identisch sind. Richten wir aber unsere Aufmerksamkeit auf unseren Geist, sagen wir normalerweise «mein Geist». Dies weist eindeutig darauf hin, daß das Ich nicht der Geist ist.

   Ist das Ich der Geist, folgt aus der Tatsache, daß jede Person viele verschiedene Arten von Geist hat, wie die sechs Formen des Bewußtseins, begriffliche und nichtbegriffliche Geistesarten, daß jede Person genauso viele Ichs besitzt. Da dies eine absurde Behauptung ist, folgt daraus, daß das Ich nicht der Geist ist.

3. Da der Körper nicht das Ich ist und der Geist nicht das Ich ist, kann die Ansammlung von Körper und Geist auch nicht das Ich sein. Die Ansammlung von Körper und Geist ist eine Ansammlung von Dingen, die nicht das Ich sind. Wie kann da die Ansammlung das Ich sein? In einer Kuhherde beispielsweise ist keines der Tiere ein Schaf, deshalb ist die Herde selbst auch kein Schaf. Genau gleich verhält es sich mit der Ansammlung von Körper und Geist: Weder der Körper noch der Geist ist das Ich, deshalb kann die Ansammlung nicht das Ich sein.

Möglicherweise fällt es uns schwer, diesen Punkt zu verstehen. Doch wenn wir lange darüber nachdenken, mit einem ruhigen und positiven Geist, und wir mit erfahrenen Praktizierenden darüber diskutieren, wird es uns mit der Zeit klar werden. Wir können auch authentische Bücher zu diesem Thema lesen, wie *Herz der Weisheit*.

4. Ist das Ich weder der Körper noch der Geist, noch die Ansammlung von Körper und Geist, bleibt einzig die Möglichkeit, daß das Ich etwas ist, das von Körper und Geist getrennt ist. Ist dies der Fall, so müssen wir das Ich wahrnehmen können, ohne daß Körper oder Geist erscheinen. Wenn wir uns aber vorstellen würden, daß unser Körper und unser Geist vollständig verschwinden, dann würde nichts übrigbleiben, was wir als Ich bezeichnen könnten. Daraus folgt, daß das Ich nicht von Körper und Geist getrennt ist.

Wir sollten uns vorstellen, daß sich unser Körper allmählich in Luft auflöst. Darauf löst sich unser Geist auf, unsere Gedanken treiben im Wind auseinander und unsere Gefühle, Wünsche und unser Bewußtsein lösen sich in nichts auf. Bleibt etwas, was das Ich ist? Da ist nichts. Es ist offensichtlich, daß das Ich nicht etwas ist, was von Körper und Geist getrennt ist.

Wir haben nun alle vier Möglichkeiten untersucht, und es ist uns nicht gelungen, das Ich zu finden. Da wir bereits entschieden haben, daß es keine fünfte Möglichkeit gibt, müssen wir daraus schließen, daß das wahrhaft existierende oder inhärent existierende Ich, das uns normalerweise so lebhaft erscheint, gar nicht existiert. Dort, wo früher ein inhärent existierendes Ich erschien, erscheint nun eine Abwesenheit dieses Ichs. Diese Abwesenheit eines inhärent existierenden Ichs ist Leerheit, die endgültige Wahrheit.

ERSTE MEDITATION

Wir denken auf diese Weise nach, bis in unserem Geist ein allgemeines Bild der Abwesenheit eines inhärent existierenden Ichs erscheint. Dieses Bild ist unser Objekt der verweilenden Meditation. Indem wir uns einsgerichtet auf dieses Bild konzentrieren, versuchen wir, vollständig damit vertraut zu werden.

Da wir an einem inhärent existierenden Ich seit anfangsloser Zeit festgehalten und es mehr als alles andere geliebt haben, kann die Erfahrung, in der Meditation kein Ich zu finden, zuerst ziemlich schockierend sein. Einige Menschen bekommen Angst und glauben, daß sie gar nicht mehr existieren. Andere wiederum empfinden große Freude, so als ob die Quelle all ihrer Probleme verschwinden würde. Beide Reaktionen gelten als gute Zeichen und weisen auf eine richtige Meditation hin. Nach einer Weile werden diese anfänglichen Reaktionen schwächer, und unser Geist wird zu einem ausgewogeneren Zustand kommen. Dann werden wir fähig sein, auf ruhige, kontrollierte Art und Weise über Leerheit zu meditieren. Wir sollten unserem Geist erlauben, sich so lange wie möglich in die raumähnliche Leerheit zu versenken. Wichtig ist, daran zu denken, daß unser Meditationsobjekt, die Leerheit, die Abwesenheit eines inhärent existierenden Ichs und nicht ein bloßes Nichts ist. Hin und wieder sollten wir unsere Meditation mit Wachsamkeit überprüfen. Wenn unser Geist zu einem anderen Objekt abgeschweift ist oder wir die Bedeutung der Leerheit verloren haben und uns auf das bloße Nichts konzentrieren, sollten wir zur Kontemplation zurückkehren, bis in unserem Geist wieder eine klare Vorstellung der Leerheit entsteht.

Wir fragen uns vielleicht: «Wenn es kein wahrhaft existierendes Ich gibt, wer meditiert dann? Wer steht nach der Meditation auf? Wer spricht zu den anderen? Wer antwortet, wenn mein Name gerufen wird?» Obwohl es nichts innerhalb von Körper und Geist oder getrennt von Körper und Geist gibt, was das Ich ist, heißt das nicht, daß das Ich überhaupt nicht existiert. Obwohl das Ich nicht in einer der vier oben genannten Formen existiert, existiert es konventionell. Das Ich ist bloß eine Bezeichnung, die vom begrifflichen Geist der Ansammlung von Körper und Geist zugeschrieben wurde. Solange wir mit der bloßen Bezeichnung «Ich» zufrieden sind, gibt es keine Probleme. Wir können denken: «Ich existiere, ich gehe in die Stadt» usw. Das Problem entsteht erst, wenn wir nach einem Ich außerhalb der bloßen begrifflichen Zuschreibung «Ich» suchen. Der am Selbst festhaltende Geist klammert sich an ein Ich, das endgültig existiert, unabhängig von begrifflicher Zuschreibung, als ob es hinter dem Etikett ein wirklich existierendes Ich gäbe. Würde ein solches Ich existieren, müßten wir es finden können, aber wir haben gesehen, daß das Ich in einer Untersuchung nicht gefunden werden kann. Die Schlußfolgerung, die sich aus unserer Suche ergab, war ein eindeutiges Nichtauffinden des Ichs. Diese Nichtauffindbarkeit des Ichs ist die Leerheit des Ichs, die endgültige Natur des Ichs. Das Ich, das als bloße Zuschreibung existiert, ist die konventionelle Natur des Ichs.

ZWEITE KONTEMPLATION

Die Leerheit des Körpers

Das Objekt der Verneinung identifizieren

Die Methode, über die Leerheit des Körpers zu meditieren, ist ähnlich der Methode, über die Leerheit des Ichs zu meditieren. Zuerst müssen wir das Objekt der Verneinung identifizieren.

Wenn wir normalerweise «mein Körper» denken, so erscheint unserem Geist ein Körper, der aus sich selbst heraus existiert, als Einheit, die von ihren Teilen unabhängig ist. Dieser Körper ist das Objekt der Verneinung; er existiert nicht. Die Begriffe «wahrhaft existierender Körper», «inhärent existierender Körper» und «Körper, der aus sich selbst heraus existiert» haben alle die gleiche Bedeutung, sie alle sind Objekte der Verneinung.

Das Objekt der Verneinung widerlegen

Wenn der Körper wirklich so existiert, wie er erscheint, kann er nur auf eine der folgenden zwei Arten existieren: als seine Teile oder getrennt von seinen Teilen; eine dritte Möglichkeit gibt es nicht.

Wenn der Körper eins mit seinen Teilen ist, stellt sich die Frage, ob er mit den einzelnen Teilen oder mit der Ansammlung seiner Teile identisch ist. Wenn er identisch mit den einzelnen Teilen ist, sind dann die Hände, das Gesicht, die Haut, die Knochen, das Fleisch oder die inneren Organe der Körper? Durch die sorgfältige Prüfung: «Ist der Kopf der Körper? Ist das Fleisch der Körper?» usw., können wir leicht feststellen, daß keiner der einzelnen Teile der Körper ist.

Wenn der Körper nicht seine einzelnen Teile ist, ist er dann vielleicht die Ansammlung seiner Teile? Die Ansammlung der Teile des Körpers kann nicht der Körper sein. Warum nicht? Die Teile des Körpers sind alles Nicht-Körper. Wie kann da die Ansammlung von Nicht-Körpern ein Körper sein? Die Hände, Füße und so fort sind Teile das Körpers, aber sie sind nicht der Körper selbst. Obwohl alle diese Teile miteinander verbunden sind, bleibt es einfach eine Ansammlung von Teilen. Diese Ansammlung verwandelt sich nicht auf magische Weise in den Besitzer von Teilen, den Körper.

Wir sollten uns daran erinnern, wie uns unser Körper erscheint, wenn er gelobt oder beleidigt wird. Er scheint dann aus sich selbst heraus zu existieren, als klar abgegrenzte Einheit. Er erscheint nicht als etwas, das bloß als Einheit bezeichnet wird, aber in Wirklichkeit aus vielen einzelnen Teilen besteht, wie ein Wald oder eine Kuhherde. Obwohl der Körper als eine einzige Einheit erscheint, die aus sich selbst heraus, unabhängig von den Gliedern, Rumpf und Kopf, existiert, ist er in Wirklichkeit lediglich der Ansammlung dieser Teile zugeschrieben. Die Ansammlung der Körperteile ist eine Anhäufung von vielen einzelnen Elementen, die zusammenarbeiten. Diese Anhäufung kann als Einheit betrachtet werden, doch existiert sie nicht unabhängig von den Teilen, aus denen sie besteht.

Ist der Körper nicht seine Teile, dann bleibt nur die andere Möglichkeit, daß er von seinen Teilen getrennt ist; wenn aber alle Teile des Körpers verschwinden würden, gäbe es nichts mehr, was als Körper bezeichnet werden könnte. Wir sollten uns vorstellen, daß alle unsere Körperteile zu Licht werden und verschwinden. Zuerst löst sich die Haut auf, danach das Fleisch, das Blut und die inneren Organe. Zuletzt löst sich das Skelett in Licht auf. Bleibt etwas übrig, was unser Körper ist? Da ist nichts. Es gibt keinen Körper, der getrennt von seinen Teilen ist.

Wir haben jetzt alle Möglichkeiten ausgeschöpft. Der Körper ist nicht seine Teile, und er ist nicht getrennt von seinen Teilen. Der Körper kann offensichtlich nicht gefunden werden. Dort, wo früher ein inhärent existierender Körper erschienen ist, erscheint jetzt eine Abwesenheit dieses Körpers. Diese Abwesenheit eines inhärent existierenden Körpers ist die Leerheit des Körpers.

ZWEITE MEDITATION

Wir erkennen, daß diese Abwesenheit das Fehlen eines inhärent existierenden Körpers ist, und meditieren darüber mit einsgerichteter Konzentration. Einmal mehr überprüfen wir mit Wachsamkeit unsere Meditation, um sicherzustellen, daß wir nicht über das Nichts, sondern über die Leerheit des Körpers meditieren. Verlieren wir die Bedeutung der Leerheit, sollten wir zur Kontemplation zurückkehren, um sie wiederherzustellen.

Wie beim Ich bedeutet die Tatsache, daß der Körper durch eine Untersuchung nicht gefunden werden kann, nicht, daß der Körper gar nicht existiert. Der Körper existiert, jedoch nur als eine begriffliche Zuschreibung. In Übereinstimmung mit der anerkannten Konvention können wir «Körper» der Ansammlung von Gliedern, Rumpf und Kopf zuschreiben. Wenn wir aber versuchen, den Körper genau zu bestimmen, in der Hoffnung, ein konkret existierendes Phänomen zu finden, auf das sich das Wort «Körper» bezieht, finden wir keinen Körper. Die Nichtauffindbarkeit des Körpers ist die Leerheit des Körpers, die endgültige Natur des Körpers. Der Körper, der als bloße Zuschreibung existiert, ist die konventionelle Natur des Körpers.

Obwohl es falsch ist zu behaupten, daß der Körper identisch mit der Ansammlung von Gliedern, Rumpf und Kopf ist, ist es kein Fehler zu sagen, daß der Körper dieser Ansammlung zugeschrieben wird. Obwohl die Teile des Körpers eine Mehrzahl sind, ist der Körper eine Einzahl. «Körper» ist einfach eine Zuschreibung, die vom zuschreibenden Geist gemacht wird. Von seiten des Objektes her existiert er nicht. Es ist kein Fehler, einer Mehrzahl von Dingen einen einzelnen Begriff zuzuschreiben. Wir können beispielsweise einer Gruppe von vielen Bäumen den Singular «Wald» oder einer Gruppe von vielen Kühen die Bezeichnung «Herde» zuschreiben.

Alle Phänomene existieren als Konvention; nichts hat eine inhärente Existenz. Dies gilt für den Geist, für Buddha und sogar für die Leerheit selbst. Alles ist bloß vom Geist zugeschrieben. Alle Phänomene bestehen aus

Teilen, weil physikalische Phänomene aus physikalischen Teilen bestehen und nichtphysikalische Phänomene verschiedene Merkmale haben, die durch Gedanken unterschieden werden können. Unter Verwendung des gleichen Gedankenganges, können wir erkennen, daß jedes Phänomen weder eines seiner Teile noch die Ansammlung seiner Teile, noch getrennt von seinen Teilen ist. Auf diese Weise können wir die Leerheit aller Phänomene erkennen.

Besonders hilfreich ist es, wenn wir über die Leerheit derjenigen Objekte meditieren, die in uns starke Verblendungen, wie Anhaftung und Wut, hervorrufen. Mit Hilfe einer korrekten Analyse werden wir erkennen, daß das Objekt, das wir begehren, oder das Objekt, das uns mißfällt, nicht aus sich selbst heraus existiert. Seine Schönheit oder Häßlichkeit und sogar die Existenz selbst sind vom Geist zugeschrieben. Mit dieser Denkweise werden wir entdecken, daß es keine Grundlage für Anhaftung oder Haß gibt.

WIDMUNG

Wir widmen alle Tugenden, die wir in dieser Meditation erschaffen haben, dem Wohle aller Lebewesen, indem wir die Widmungsgebete rezitieren.

ANSCHLIESSENDE PRAXIS

In der Meditationspause sollten wir versuchen zu erkennen, daß allem, was unserem Geist erscheint, wahre Existenz fehlt. Einem Träumenden erscheinen die Dinge im Traum sehr lebhaft. Wacht er jedoch auf, erkennt er sofort, daß die im Traum erschienenen Objekte nur geistige Erscheinungen waren, die nicht aus sich selbst heraus existieren. Wir sollten alle Phänomene auf ähnliche Weise betrachten. Obwohl sie unserem Geist lebhaft erscheinen, fehlt ihnen inhärente Existenz.

Geshe Kelsang Gyatso Rinpoche

Abschließende Bemerkungen

Wenn wir gegenüber allen Lebewesen ein «gutes Herz» entwickelt haben, sollten wir die Lebensweise eines Bodhisattvas ausüben, indem wir die Bodhisattva-Gelübde einhalten und die Sechs Vollkommenheiten praktizieren. Insbesondere sollten wir uns in der Vereinigung von Ruhigem Verweilen und Leerheit beobachtendem Höheren Sehen schulen. Durch diese Praxis werden wir uns allmählich von einer gewöhnlichen Person zu einem Bodhisattva entwickeln. Schließlich werden wir ein voll erleuchtetes Wesen, ein Buddha, werden.

Anhang I

EINE BESONDERE ATEMMEDITATION

Im allgemeinen ist es der Zweck der Atemmeditation, den Geist zu beruhigen und Ablenkungen zu vermindern, bevor eine praktische Meditation ausgeführt wird, wie eine der in diesem Buch beschriebenen einundzwanzig Meditationen. Eine einfache Atemmeditation, wie sie auf Seite 22 beschrieben ist, wird uns helfen, dies zu erreichen. Die hier erklärte Meditation aber hat zudem viele andere Funktionen. Sie hilft uns, unsere Motivation zu verbessern, ein «gutes Herz» und einen kontrollierten Geist zu entwickeln sowie unsere Energie für die Dharma-Praxis zu verstärken. Außerdem ist sie eine besondere Methode, um unsere Buddha-Samen zur Reife zu bringen und uns auf die Meditation des Höchsten Yoga-Tantras vorzubereiten.

In dieser Meditation verbinden wir unsere Atmung mit der Rezitation des Mantras OM AH HUM. Dieses Mantra wird das «Mantra aller Buddhas» genannt. Es gibt viele verschiedene Mantras, sie alle aber sind in diesen drei Buchstaben* eingeschlossen. Alle Buddhas sind in drei Gruppen enthalten: Vajra-Körper, Vajra-Rede und Vajra-Geist. Das Mantra des Vajra-Körpers ist OM, das Mantra der Vajra-Rede ist AH, und das Mantra des Vajra-Geistes ist HUM. Deshalb empfangen wir die Segnungen von Körper, Rede und Geist aller Buddhas, wenn wir mit Vertrauen diese drei Buchstaben rezitieren.

Ein Buddha ist jemand, der vollständig frei ist von allen Fehlern und Begrenzungen und alle guten Qualitäten bis zur Vollkommenheit entwickelt hat. Deshalb besitzen Körper, Rede und Geist eines Buddhas besondere Qualitäten, die gewöhnliche Wesen nicht haben. Wir sollten dieses Mantra mit tiefem Vertrauen in diese Qualitäten rezitieren und einen starken Wunsch erzeugen, sie selbst zu entwickeln.

Sogar die höchstgestellten gewöhnlichen Wesen, wie Könige und Königinnen, besitzen nur einen Körper. Ein Buddha aber besitzt viele Körper. Der eigentliche Körper eines Buddhas ist sein allwissender Geist. Dieser wird «Wahrheitskörper» genannt. Da nur andere erleuchtete Wesen diesen Körper sehen können, manifestiert der Wahrheitskörper einen subtilen Formkörper, der «Freudenkörper» genannt wird. Dieser Körper ist jedoch sehr subtil und kann nur von höheren Bodhisattvas gesehen werden, von denjenigen nämlich, die eine direkte Verwirklichung der Leerheit besitzen. Um unmittelbar mit gewöhnlichen Wesen kommunizieren zu können, strahlt der Freudenkörper unzählige grobe Formkörper aus, die «Ausstrahlungskörper» genannt werden. Es gibt zwei Arten von Ausstrahlungskörpern: höchste Ausstrahlungskörper und Ausstrahlungskörper, die als gewöhnliche Wesen erscheinen. Die Erstgenannten können nur von denjenigen gesehen werden, die einen reinen Geist und reines Karma haben. Letztere aber können von allen gesehen werden. Gemäß dem Mahayana-Buddhismus durchdringen die Ausstrahlungskörper Buddhas die ganze Welt, obgleich sie im allgemeinen von gewöhnlichen Wesen nicht erkannt werden. Gewöhnliche Wesen haben einen gewöhnlichen Geist und sehen deshalb alles als gewöhnlich, sogar eine Ausstrahlung Buddhas.

Die Rede eines Buddhas besitzt ebenfalls viele gute Qualitäten. Im Gegensatz zur Rede gewöhnlicher Wesen, die nicht besonders kraftvoll ist, hat die Rede eines Buddhas die Kraft, allen Lebewesen zu helfen. Alle möchten frei sein von Leiden und reines Glück erfahren, und die Rede Buddhas erklärt, wie dieser Wunsch erfüllt wird. Obwohl wir ständig Glück anstreben, können wir es niemals finden. Buddha erklärt, daß dies daran liege, daß wir in Samsara gefangen seien. Wahres Glück kann nur außerhalb von Samsara gefunden werden. Wenn wir dieses Glück erfahren wollen, müssen wir Samsara entfliehen, indem wir uns auf die von Buddha gelehrten spirituellen Pfade verlassen. Dann werden wir eine dauerhafte Beendigung von Leiden sowie ununterbrochenen Frieden und andauerndes Glück erfahren. Die Rede Buddhas ist deshalb der Schlüssel, der uns aus dem Gefängnis Samsaras befreit und unseren Wunsch nach Glück erfüllt.

Auch die Qualitäten des Geistes der Buddhas sind einzigartig. Der Geist eines Buddhas ist vollständig frei von Unwissenheit und ihren Prägungen wie ein wolkenloser Himmel. Weil ihr Geist völlig ungehindert ist, erkennen die Buddhas unmittelbar und gleichzeitig alle Phänomene der Vergangenheit, der Gegenwart und der Zukunft. Der Geist eines Buddhas ist die höchste Ebene geistiger Entwicklung.

Wir alle haben die Samen von Körper, Rede und Geist eines Buddhas in uns, und praktizieren wir reine spirituelle Pfade, können wir diese Samen zur Reife bringen und diese besonderen Qualitäten erreichen. Wenn wir unseren gegenwärtigen Geist der Liebe, des Mitgefühls und des Bodhichittas ständig verbessern, werden wir ein Bodhisattva werden. Schulen wir uns dann weiter in reinen spirituellen Pfaden, werden wir schließlich ein Buddha werden. Die Methode, uns auf Buddha zu verlassen, besteht im Mahayana-Buddhismus nicht in bloßen Bitten an Buddha, uns zu helfen, sondern im Bestreben, selbst ein Buddha zu werden, um anderen helfen zu können. Deshalb sollten wir versuchen, allmählich unsere Fehler von Körper, Rede und Geist zu verringern und statt dessen alle guten Qualitäten zu entwickeln. Wenn unsere Fehler abnehmen und sich unsere guten Qualitäten vergrößern, werden wir der Buddhaschaft immer näher kommen. Schließlich werden wir ein vollkommen erleuchtetes Wesen werden. Tausende von Mahayana-Praktizierenden der Vergangenheit haben auf diese Weise Erleuchtung erlangt.

Wenn wir diese Punkte betrachten, sollten wir denken:

Wie wundervoll wäre es, wenn ich ein Buddha würde und die guten Qualitäten von Körper, Rede und Geist eines Buddhas erlangte! Im Moment habe ich keine Kraft, anderen zu helfen, aber wenn ich ein Buddha werde, kann ich allen Lebewesen ohne Ausnahme helfen. Deshalb muß ich ein Buddha werden.

Diese Motivation ist Bodhichitta. Mit dieser Motivation sollten wir die Rezitation des Mantras OM AH HUM ausüben, während wir an seine Bedeutung denken. Bis wir mit dem Mantra vertraut geworden sind, sollten wir es verbal rezitieren; dann können wir es mit der Atemmeditation verbinden.

Dazu atmen wir sanft und natürlich durch beide Nasenlöcher. Beim Einatmen rezitieren wir im Geist OM. Wir halten den Atem kurz bei unserem Herzen an und rezitieren im Geist AH. Dann rezitieren wir im Geist HUM, während wir sanft ausatmen. Wir wiederholen diesen Zyklus, so oft wir es wollen, während wir uns mit einem vertrauensvollen Geist immer an die Bedeutung des Mantras erinnern. Das «Herz», das hier erwähnt wird, ist das spirituelle Herz, nicht das körperliche Herz. Es befindet sich in der Mitte des Brustkorbes. Zu Beginn werden wir unseren Atem nur für eine kurze Zeit anhalten können. Mit wachsender Vertrautheit aber werden wir ihn länger und länger ohne Beschwerden anhalten können.

Diese Meditation führt zu vielen guten Ergebnissen. Sie beruhigt unseren Geist und bewirkt ein Nachlassen unserer ablenkenden Vorstellungen. Sie stärkt den lebensunterstützenden Wind bei unserem Herzen, dadurch verlängert sie unsere Lebensspanne und beschützt uns vor vorzeitigem Tod. Da wir diese Meditation mit der Motivation ausüben, die guten Qualitäten von Körper, Rede und Geist eines Buddhas zu erlangen, schulen wir uns auch in Bodhichitta, sammeln Verdienste an und empfangen die Segnungen Buddhas. Diese Meditation bewirkt das Heranreifen unserer Buddha-Samen, und sie bereitet uns auf die Meditation des Höchsten Yoga-Tantras vor. Dadurch wird es uns leicht fallen, in der Zukunft Verwirklichungen der Vollendungsstufe zu erlangen. Deshalb ist sie wesentlich kraftvoller als die gewöhnliche Atemmeditation.

Die Auswirkungen dieser Praxis halten an, auch wenn wir uns von der Meditation erheben. Wenn wir diese Meditation regelmäßig ausüben, werden wir feststellen, daß unser Geist allmählich positiver und kontrollierter wird. Er wird wie ein gut dressiertes Pferd, das alles tut, was der Reiter wünscht. Wenn wir den Wunsch haben zu meditieren, wird unser Geist ohne Ablenkung auf dem Objekt bleiben. Wenn wir den Wunsch haben, Verbeugungen auszuführen, dann wird unser Geist dies mit Freude tun, ohne Zögern oder Faulheit. Wenn unser Geist kontrollierter wird, wird es uns leichter fallen, negative Handlungen von Körper, Rede und Geist zu unterlassen und Tugend zu praktizieren. Wir werden Tag und Nacht, von Leben zu Leben Frieden und Glück erfahren und werden den Nutzen dieser Erfahrung mit anderen teilen können. Dies ist der wirkliche Sinn der buddhistischen Lebensweise.

Da wir den vielfältigen Nutzen dieser besonderen Atemmeditation verstehen, sollten wir versuchen sie auszuüben, wann immer wir können.

**Anmerkung des deutschen Übersetzers*: Im Sanskrit und Tibetischen sind diese Silben Buchstaben und werden hier deshalb als Buchstaben bezeichnet.

Anhang II

DIE ZUFLUCHTSVERPFLICHTUNGEN

Wenn wir Zuflucht nehmen, nehmen wir uns vor, zwölf besondere Verpflichtungen zu beachten. Indem wir diese aufrichtig einhalten, schützen wir unseren Zufluchtsgeist, und er wird allmählich an Kraft und Stärke gewinnen. Diese zwölf Verpflichtungen bilden die Grundlage aller Verwirklichungen der Stufen des Pfades. Wenn wir dies erkennen, sollten wir die Verpflichtungen nicht als Bürde betrachten, sondern diese mit Freude und Aufrichtigkeit ausüben.

Innerhalb der zwölf Verpflichtungen gibt es sechs spezifische und sechs allgemeine Verpflichtungen. Die sechs spezifischen Verpflichtungen heißen so, weil sie sich ganz spezifisch auf jedes der Drei Juwelen beziehen. Es gibt je zwei Verpflichtungen, die sich auf Buddha, zwei, die sich auf Dharma und zwei, die sich auf Sangha beziehen. In jedem Fall gilt es, etwas Bestimmtes aufzugeben und etwas Bestimmtes zu praktizieren. Die übrigen sechs Verpflichtungen beziehen sich alle gleichermaßen auf Buddha, Dharma und Sangha. Diese zwölf Verpflichtungen werden nun kurz erläutert.

DIE ZWEI VERPFLICHTUNGEN, DIE SICH SPEZIFISCH AUF BUDDHA BEZIEHEN

1. Nicht zu Lehrern, die der Sichtweise Buddhas widersprechen, oder samsarischen Göttern Zuflucht zu nehmen. Wenn wir zu Buddha Zuflucht nehmen, haben wir eine Verpflichtung, keine endgültige Zuflucht bei weltlichen Göttern oder bei Lehrern zu suchen, die der Sichtweise Buddhas widersprechen. Das bedeutet nicht, daß wir nicht Hilfe von anderen bekommen dürfen. Es bedeutet, daß wir uns nicht auf andere verlassen, um endgültigen Schutz vor Leiden zu erhalten.

2. Jedes Bildnis Buddhas als eigentlichen Buddha zu betrachten. Durch die Zufluchtnahme zu Buddha haben wir auch eine Verpflichtung, jedes Bildnis von Buddha als eigentlichen Buddha zu betrachten. Immer wenn wir eine Buddha-Statue sehen, sei sie aus Gold oder aus irgendeinem anderen Material, sollten wir sie als eigentlichen Buddha betrachten. Wir sollten dem Material oder der Qualität der Handwerkskunst keine Beachtung schenken und Buddha unsere Ehrerbietung erweisen, indem wir uns verbeugen, Gaben darbringen und Zuflucht nehmen. Praktizieren wir auf diese Weise, werden unsere Verdienste enorm anwachsen.

DIE ZWEI VERPFLICHTUNGEN, DIE SICH SPEZIFISCH AUF DHARMA BEZIEHEN

3. Anderen nicht zu schaden. Indem wir zum Dharma Zuflucht nehmen, haben wir eine Verpflichtung, damit aufzuhören, anderen zu schaden. Anstatt andere schlecht zu behandeln, sollten wir versuchen, ihnen in bester Absicht zu helfen, wann immer wir können. Zuerst bemühen wir uns, gegenüber uns Nahestehenden, wie Familienmitgliedern und unseren Freunden, verletzende Gedanken zu vermindern und eine wohlwollende Absicht zu erzeugen. Wenn wir diesen Menschen gegenüber ein «gutes Herz» entwickelt haben, dann können wir allmählich unsere Praxis ausdehnen, um mehr und mehr Menschen miteinzubeziehen, bis wir schließlich allen Lebewesen gegenüber ein «gutes Herz» entwickelt haben. Wenn es uns gelingt, schädigende Gedanken aufzugeben und immer eine wohlwollende Haltung zu bewahren, werden wir leicht die Verwirklichungen von großer Liebe und großem Mitgefühl erlangen. Auf diese Weise beginnen wir vom ersten Augenblick unserer Praxis der Zufluchtnahme an, unser Mitgefühl zu vergrößern, welches die eigentliche Essenz des Buddhadharmas ist.

4. Alle Dharma-Schriften als das eigentliche Dharma-Juwel zu betrachten. Indem wir zum Dharma Zuflucht nehmen, haben wir auch eine Verpflichtung, alle Dharma-Schriften als eigentliches Dharma-Juwel zu betrachten. Dharma ist die Quelle aller Gesundheit und allen Glücks. Da wir eigentliche Dharma-Juwelen nicht mit eigenen Augen sehen können, müssen wir die Dharma-Texte als eigentliche Dharma-Juwelen betrachten. Die eigentlichen Dharma-Juwelen entstehen nur als Ergebnis des Lernens der Schriften und des Nachdenkens und Meditierens über deren Bedeutung. Wir müssen jeden Buchstaben der Schriften und jeden Buchstaben der Erklärungen von Buddhas Unterweisungen respektieren. Deshalb müssen wir Dharma-Bücher mit großer Sorgfalt behandeln. Wir sollten es vermeiden, über sie hinwegzuschreiten oder sie an unangemessene Orte zu legen, wo sie beschädigt oder mißbraucht werden könnten. Jedesmal, wenn wir unsere Dharma-Bücher nachlässig behandeln oder sie beschädigen, schaffen wir die Ursache, noch unwissender zu werden, da diese Handlungen dem Aufgeben von Dharma gleichen. Einmal sah der große tibetische Lehrer Geshe Sharawa, wie einige Leute sorglos mit ihren Dharma-Büchern spielten, und er sagte ihnen: «Das solltet ihr nicht tun. Ihr seid schon unwissend genug. Warum wollt ihr noch unwissender werden?»

DIE ZWEI VERPFLICHTUNGEN, DIE SICH SPEZIFISCH AUF SANGHA BEZIEHEN

5. Uns nicht von Menschen beeinflussen zu lassen, die Buddhas Lehre ablehnen. Indem wir zum Sangha Zuflucht nehmen, haben wir eine Verpflichtung, uns nicht länger von Menschen beeinflussen zu lassen, die Buddhas Lehre ablehnen. Das bedeutet nicht, daß wir diese Leute aufgeben sollten, sondern nur, daß wir unseren Geist nicht von ihren Sichtweisen beeinflussen lassen. Ohne Liebe und Rücksicht für andere aufzugeben, müssen wir wachsam sein und sicherstellen, daß wir nicht durch ihre schlechten Gewohnheiten und Ratschläge auf Abwege geraten.

6. Alle, die Mönchs- und Nonnenroben tragen, als eigentliches Sangha-Juwel zu betrachten. Indem wir zum Sangha Zuflucht nehmen, haben wir auch eine Verpflichtung, alle, die die Roben Ordinierter tragen, als eigentliches Sangha-Juwel anzuerkennen. Auch wenn der ordinierte Sangha arm ist, sollten wir ihm Respekt zollen, denn er bewahrt moralische Disziplin, und das ist sehr selten und wertvoll.

DIE SECHS ALLGEMEINEN VERPFLICHTUNGEN

7. Immer wieder zu den Drei Juwelen Zuflucht zu nehmen und uns an ihre guten Qualitäten sowie an ihre Unterschiede zu erinnern. Dharma ist wie ein Schiff, das uns über den Ozean von Samsara befördern kann. Buddha ist wie der kundige Steuermann und der Sangha wie die Besatzung. Daran sollten wir uns immer erinnern und immer wieder zu den Drei Juwelen Zuflucht nehmen.

8. Den ersten Teil von allem, was wir essen oder trinken, den Drei Juwelen darzubringen und uns gleichzeitig an ihre Güte zu erinnern. Da wir mehrmals täglich etwas essen und trinken müssen, können wir unsere Verdienste beträchtlich vermehren, wenn wir immer den ersten Teil des Essens oder des Getränkes den Drei Juwelen darbringen und uns an ihre Güte erinnern. Wir können dies mit dem folgenden Gebet tun:

Dir, Buddha Shakyamuni, bringe ich diese Gaben dar,
Dessen Geist alle Buddha-Juwelen vereint,
Dessen Rede alle Dharma-Juwelen vereint,
Dessen Körper alle Sangha-Juwelen vereint.
O Gesegneter, bitte nimm diese Gabe an und segne meinen Geist.

OM AH HUM (3x)

Es ist wichtig, sich immer wieder an die Güte Buddhas zu erinnern. All unser Glück ist ein Ergebnis von Buddhas Güte. Denn alle Handlungen Buddhas sind von Mitgefühl und Fürsorge für andere durchdrungen, und es sind diese Handlungen, die uns befähigen, tugendhafte Handlungen auszuführen, die wiederum die Ursache für unser Glück sind.

Ohne Buddhas Güte würden wir die wirklichen Ursachen von Glück oder die wirklichen Ursachen von Leiden nicht kennen. Buddha lehrte uns, wie alles Glück und Leiden von unserem Geist abhängt. Er zeigte uns, wie wir die Geisteshaltungen aufgeben, die Leiden verursachen, und wie wir diejenigen fördern, die Glück verursachen. Mit anderen Worten, er lehrte uns vollkommene Methoden, um Leiden zu überwinden und Glück zu erlangen. Niemand sonst lehrte uns diese Methoden. Wie gütig ist Buddha!

Unser eigener Körper ist der Beweis von Buddhas Güte. Dank den Segnungen und Anweisungen Buddhas gelang es uns, die Ursachen zu erschaffen, in einer menschlichen Form mit allen Freiheiten und Austattungen, die für eine spirituelle Praxis notwendig sind, wiedergeboren zu werden. Wenn wir jetzt die Möglichkeit haben, Dharma zu studieren und Spirituellen Meistern zu begegnen, so nur durch Buddhas Güte. Wir können jetzt nur deshalb spirituelle Verwirklichungen erlangen und die Methoden anwenden, die zur vollen Erleuchtung führen, weil Buddha so gütig war, das Dharma-Rad zu drehen und sein Vorbild in dieser Welt zu zeigen. Sogar die geringe Weisheit, die uns zwischen Nützlichem und Schädlichem unterscheiden läßt und die uns erlaubt, Buddhas Lehre als lohnend zu erkennen, ist eine Folge von Buddhas Güte.

Wir sollten nicht denken, daß Buddha nur denjenigen hilft, die ihm folgen. Buddha erlangte Erleuchtung, um allen Lebewesen zu helfen. Er erscheint in vielen verschiedenen Formen, manchmal sogar als nichtbuddhistischer Lehrer, um anderen zu helfen. Es gibt kein einziges Lebewesen, das nicht durch die Güte Buddhas Hilfe empfangen hat.

9. Mit Mitgefühl immer andere zu ermutigen, Zuflucht zu nehmen. Wir sollten immer versuchen, anderen zu helfen, Zuflucht zu nehmen. Dies erfordert aber Geschicklichkeit. Wenn wir Menschen kennen, die am Dharma interessiert sind, sollten wir ihnen helfen, die Ursachen der Zufluchtnahme zu entwickeln: Angst vor Leiden und Vertrauen in die Drei Juwelen. Wir können mit ihnen über Vergänglichkeit sprechen, zum Beispiel, wie sich die Bedingungen dieses Lebens verändern und unser Körper alt und gebrechlich werden wird. Wir können über die Leiden von Altern, Krankheit und Tod sprechen und darüber, was nach dem Tod geschehen wird. Wir können die verschiedenen Formen der Wiedergeburt beschreiben und erklären, daß alle Arten der Wiedergeburt ihrem Wesen nach leidvoll sind. Wenn wir diese Gedanken geschickt in unser Gespräch einflechten, wird unser Gesprächspartner anfangen, seine Selbstgefälligkeit zu verlieren. Wenn er beginnt, sich unbehaglich zu fühlen, wird er ganz selbstverständlich wissen wollen, was unternommen werden kann. An dieser Stelle können wir dann über Buddha, Dharma und Sangha sprechen und erklären, wie sie uns helfen können. Daraufhin können wir darlegen, wie man Zuflucht nimmt.

Wenn wir jemandem auf diese Weise taktvoll helfen, ohne Überheblichkeit oder Ungeduld, werden wir für ihn von großem Nutzen sein. Es ist nie sicher, ob unsere materiellen Geschenke anderen auch wirklich helfen, manchmal verursachen sie sogar zusätzliche Probleme. Die beste Art, anderen zu helfen, besteht darin, sie zum Dharma zu führen. Wenn wir auch keine ausführlichen Erläuterungen geben können, so können wir doch denjenigen, die unglücklich sind, richtige Ratschläge geben und ihnen helfen, ihre Probleme mittels des Dharmas zu lösen.

10. Mindestens dreimal am Tag und dreimal in der Nacht Zuflucht zu nehmen, indem wir uns den Nutzen der Zufluchtnahme vergegenwärtigen. Damit wir die Drei Juwelen nicht vergessen, sollten wir alle vier Stunden oder zumindest dreimal am Tag und dreimal in der Nacht Zuflucht nehmen. Wenn wir uns immer an die Drei Juwelen erinnern und regelmäßig über den Nutzen der Zufluchtnahme nachdenken, werden wir sehr schnell Verwirklichungen erlangen. Wir sollten wie ein Geschäftsmann sein, der auch während er ruht, nie seine Projekte vergißt.

11. Jede Handlung mit vollem Vertrauen in die Drei Juwelen auszuführen. Bei allem, was wir tun, sollten wir uns auf die Drei Juwelen verlassen. Auf diese Weise werden alle unsere Handlungen erfolgreich sein. Es besteht kein Grund, Inspiration und Segnungen von weltlichen Göttern anzustreben. Wir sollten aber immer durch Darbringungen und Bitten versuchen, die Segnungen von Buddha, Dharma und Sangha zu empfangen.

12. Nie die Drei Juwelen aufzugeben, nicht zum Spaß, und nicht einmal, wenn es unser Leben kostet. Wir sollten die Drei Juwelen niemals aufgeben, denn die Zufluchtnahme bildet die Grundlage aller Dharma-

Verwirklichungen. Einmal wurde ein Buddhist gefangengenommen, und der Feind sprach zu ihm: «Gib deine Zuflucht zu Buddha auf, oder ich töte dich!» Dieser weigerte sich, seine Zuflucht aufzugeben, und wurde getötet. Hellsichtige sahen jedoch, daß er unmittelbar als göttliches Wesen wiedergeboren wurde.

Anhang III

VORSCHLAG FÜR EINEN RETREAT-ZEITPLAN

Wenn wir die einundzwanzig Meditationen in einem Retreat (Meditation in Zurückgezogenheit) ausüben, ist es am besten, uns mindestens eine Woche Zeit dafür zu nehmen. Wenn möglich, sollten wir täglich vier Sitzungen abhalten. Die erste Sitzung sollte früh morgens, die zweite vor dem Mittagessen, die dritte am späten Nachmittag und die vierte am Abend durchgeführt werden. Die Länge der Sitzungen richtet sich nach unserem eigenen Ermessen. Sie können von einer halben Stunde bis zu zwei Stunden dauern. Wir beginnen jede Sitzung mit den vorbereitenden Übungen und führen dann die verschiedenen Kontemplationen und Meditationen in der unten vorgeschlagenen Reihenfolge aus. Am Schluß jeder Sitzung widmen wir unsere Verdienste dem Wohl aller Lebewesen. Zwischen den Sitzungen sollten wir uns bemühen, die anschließende Praxis mit großer Achtsamkeit auszuführen. Wenn unser Retreat länger als eine Woche dauert, können wir den Zyklus jede Woche wiederholen. Auf diese Weise werden wir jede Woche alle einundzwanzig Meditationen, von «Sich auf einen Spirituellen Meister verlassen» bis «Höheres Sehen», ausführen.

ERSTER TAG

Erste Sitzung: Meditation 1 – Sich auf einen Spirituellen Meister verlassen
Zweite Sitzung: Meditation 2 – Unser kostbares menschliches Leben
Dritte Sitzung: Meditation 3 – Tod und Vergänglichkeit
Vierte Sitzung: Meditation 4, 5 & 6 – Die Gefahr einer niederen Wiedergeburt, die Praxis der Zuflucht, Handlungen und ihre Auswirkungen

ZWEITER TAG

Erste Sitzung: Meditation 7 – Entsagung gegenüber Samsara entwickeln (die ersten vier Kontemplationen: Geburt, Altern, Krankheit und Tod)
Zweite Sitzung: Meditation 7 – Entsagung gegenüber Samsara entwickeln (die verbleibenden drei Kontemplationen)
Dritte Sitzung: Meditation 7 – Entsagung gegenüber Samsara entwickeln (alle sieben Kontemplationen)
Vierte Sitzung: Meditation 7 – Entsagung gegenüber Samsara entwickeln (alle sieben Kontemplationen)

DRITTER TAG

Erste Sitzung: Meditation 8 – Gleichmut entwickeln
Zweite Sitzung: Meditation 9 – Erkennen, daß alle Lebewesen unsere Mütter sind
Dritte Sitzung: Meditation 10 – Sich an die Güte der Lebewesen erinnern
Vierte Sitzung: Meditation 11 – Gleichstellen vom Selbst und anderen

VIERTER TAG

Erste Sitzung:	Meditation 12 – Die Nachteile der Selbst-Wertschätzung
Zweite Sitzung:	Meditation 13 – Die Vorteile, andere zu schätzen
Dritte Sitzung:	Meditation 14 – Austauschen vom Selbst mit anderen
Vierte Sitzung:	Meditation 15 – Großes Mitgefühl

FÜNFTER TAG

Erste Sitzung:	Meditation 16 – Nehmen
Zweite Sitzung:	Meditation 17 – Wünschende Liebe
Dritte Sitzung:	Meditation 18 – Geben
Vierte Sitzung:	Meditation 19 – Bodhichitta

SECHSTER TAG

Alle vier Sitzungen:	Meditation 20 – Ruhiges Verweilen, mit Bodhichitta als Meditationsobjekt oder einem selbst gewählten Meditationsobjekt

SIEBTER TAG

Alle vier Sitzungen:	Meditation 21 – Höheres Sehen: Meditation über Leerheit

Glossar

Achtsamkeit Ein geistiger Faktor, der die Funktion hat, das Objekt, das der primäre Geist erkennt, nicht zu vergessen. Siehe *Das Klare Licht der Glückseligkeit, Freudvoller Weg, Sinnvoll zu betrachten* und *Den Geist verstehen*.

Allgemeines Bild Das erscheinende Objekt eines begrifflichen Geistes. Siehe *Herz der Weisheit* und *Den Geist verstehen*.

Anstrebender Bodhichitta Ein Bodhichitta, der lediglich ein Wunsch ist, Erleuchtung zum Wohle aller Lebewesen zu erlangen. Siehe auch *Bodhichitta*.

Ausübender Bodhichitta Ein Bodhichitta, der durch die Bodhisattva-Gelübde gehalten wird. Siehe auch *Bodhichitta*.

Befreiung Vollständige Freiheit von Samsara und seiner Ursache, den Verblendungen. Siehe *Freudvoller Weg*.

Bodhichitta Sanskrit für «Erleuchtungsgeist». «Bodhi» bedeutet Erleuchtung, und «Chitta» bedeutet Geist. Es gibt zwei Formen des Bodhichittas: konventionellen und endgültigen Bodhichitta. Im allgemeinen bezieht sich der Begriff «Bodhichitta» auf den konventionellen Bodhichitta, der ein primärer Geist ist und, motiviert durch großes Mitgefühl, spontan die Erleuchtung anstrebt, um allen Lebewesen zu helfen. Konventioneller Bodhichitta hat zwei Formen: anstrebenden und ausübenden Bodhichitta. Endgültiger Bodhichitta ist eine Weisheit, die durch konventionellen Bodhichitta motiviert ist, und Leerheit, die endgültige Natur der Phänomene, direkt erkennt. Siehe auch *anstrebender Bodhichitta* und *ausübender Bodhichitta*. Siehe *Freudvoller Weg, Sinnvoll zu betrachten* und *Allumfassendes Mitgefühl*.

Bodhisattva Jemand, der den spontanen Bodhichitta schon entwickelt hat, aber noch kein Buddha geworden ist. Von dem Moment an, wo ein Praktizierender (oder eine Praktizierende) nichtkünstlichen oder spontanen Bodhichitta erzeugt, wird er (oder sie) ein Bodhisattva und betritt den ersten Mahayana-Pfad, den Pfad der Ansammlung. Ein gewöhnlicher Bodhisattva ist jemand, der Leerheit noch nicht direkt verwirklicht hat. Ein höherer Bodhisattva ist jemand, der eine direkte Verwirklichung der Leerheit erlangt hat. Siehe *Freudvoller Weg* und *Sinnvoll zu betrachten*.

Buddha Ein Wesen, das alle Verblendungen und ihre Prägungen vollständig aufgegeben hat. Es gibt viele Wesen, die in der Vergangenheit Buddhas geworden sind, und es gibt viele, die in der Zukunft Buddhas werden. Siehe *Freudvoller Weg*.

Buddha Shakyamuni Der vierte von eintausend Buddhas, die in dieser Welt und diesem glücklichen Äon erscheinen werden. Die ersten drei waren Krakuchchhanda, Kanakamuni und Kashyapa. Der fünfte Buddha wird Maitreya sein.

Buddha-Natur Der Ursprungsgeist eines fühlenden Wesens und dessen endgültige Natur. Buddha-Natur, Buddha-Abstammung und Buddha-Samen sind Synonyme. Alle fühlenden Wesen besitzen die Buddha-Natur und haben deshalb das Potential, Buddhaschaft zu erlangen.

Buddhadharma Siehe *Dharma*.

Dharma Die Lehre Buddhas und die inneren Verwirklichungen, die durch ihre Praxis erlangt werden.

Drei Juwelen Die drei Objekte der Zuflucht: Buddha-Juwel, Dharma-Juwel und Sangha-Juwel. Sie werden «Juwelen» genannt, weil sie sowohl selten als auch kostbar sind. Siehe *Freudvoller Weg*.

Energiewinde Siehe *Innere Winde*.

Erleuchtung Normalerweise die volle Erleuchtung der Buddhaschaft. Es gibt drei Ebenen der Erleuchtung: die kleine Erleuchtung oder die Erleuchtung des Hörers; die mittlere Erleuchtung oder die Erleuchtung des Alleinigen Eroberers; die große Erleuchtung oder die Erleuchtung eines Buddhas. Eine Erleuchtung ist eine Befreiung und eine wahre Beendigung. Siehe *Das Klare Licht der Glückseligkeit, Freudvoller Weg* und *Ozean von Nektar.*

Festhalten am Selbst Ein begrifflicher Geist, der glaubt, daß jedes Phänomen inhärent existiert. Der am Selbst festhaltende Geist verursacht alle anderen Verblendungen, wie Wut und Anhaftung, und ist der Ursprung von allem Leid und aller Unzufriedenheit. Siehe *Freudvoller Weg, Herz der Weisheit* und *Ozean von Nektar.*

Fühlendes Wesen Jedes Wesen, das einen von Verblendungen oder deren Prägungen verunreinigten Geist besitzt. «Fühlendes Wesen» und «Lebewesen» sind Ausdrücke, um Wesen, deren Geist von den zwei Behinderungen verunreinigt ist, von Buddhas zu unterscheiden, deren Geist völlig frei von diesen Behinderungen ist.

Geben Ein tugendhafter geistiger Entschluß zu geben oder eine körperliche oder sprachliche Handlung des Gebens, die durch einen tugendhaften Geisteszustand motiviert ist. Es gibt drei Arten des Gebens: materielle Dinge geben, Dharma geben und Furchtlosigkeit geben. Siehe *Freudvoller Weg.*

Geistesschulung «Lojong» auf tibetisch. Eine besondere Überlieferung von Unterweisungen, die von Manjushri stammt und von Shantideva, Atisha und den Kadampa-Geshes überliefert wurde. Sie betont die Erzeugung von Bodhichitta durch die Praxis des Gleichstellens und Austauschens vom Selbst mit anderen verbunden mit dem Nehmen und Geben. Siehe *Allumfassendes Mitgefühl, Freudvoller Weg* und *Sinnvoll zu betrachten.*

Geistiges Bild Siehe *Allgemeines Bild.*

Geistige Geschmeidigkeit Eine Beweglichkeit des Geistes, die durch tugendhafte Konzentration herbeigeführt wird. Siehe *Das Klare Licht der Glückseligkeit, Freudvoller Weg* und *Den Geist verstehen.*

Gelübde Ein Versprechen, bestimmte Handlungen zu unterlassen. Die drei Gruppen von Gelübden sind die Pratimoksha-Gelübde der individuellen Befreiung, die Bodhisattva-Gelübde und die Gelübde des Geheimen Mantras. Siehe *Das Bodhisattva-Gelübde* und *Führer ins Dakiniland.*

Geschmeidigkeit Siehe *Geistige Geschmeidigkeit.*

Geshe Langri Tangpa (1054-1123) Ein großer Kadampa-Geshe, der für seine Verwirklichung des Austauschens vom Selbst mit anderen berühmt war. Er verfaßte die *Acht Verse der Geistesschulung.*

Gewissenhaftigkeit Ein geistiger Faktor, der in Abhängigkeit von Bemühen Tugendhaftes schätzt und den Geist vor Verblendung und Nichttugend bewacht. Siehe *Freudvoller Weg, Sinnvoll zu betrachten* und *Den Geist verstehen.*

Gültiger Erkenner Ein Erkenner, der nichttäuschend ist in bezug auf das Objekt, mit dem er sich befaßt. Es gibt zwei Arten: folgernde gültige Erkenner und direkte gültige Erkenner. Siehe *Herz der Weisheit* und *Den Geist verstehen.*

Guru Sanskrit für Spiritueller Meister. Siehe auch *Spiritueller Meister.*

Hinayana Sanskrit für «Kleines Fahrzeug». Das Ziel der Hinayana-Praxis ist es, nur sich selbst durch vollständiges Aufgeben der Verblendungen von Leiden zu befreien. Siehe *Freudvoller Weg.*

Hellsicht Fähigkeiten, die durch besondere Konzentration erreicht werden. Es gibt fünf Hauptarten der Hellsicht: Augen-Hellsicht (die Fähigkeit, subtile und entfernte Gegenstände zu sehen), Ohren-Hellsicht (die Fähigkeit, subtile und entfernte Geräusche zu hören), sich an frühere Leben zu erinnern, den Geist anderer zu kennen und die Hellsicht der Wunderkräfte (die Fähigkeit, mittels des Geistes die unterschiedlichsten Formen auszustrahlen). Manche Wesen, wie Bardo-Wesen und einige Menschen und Geister, entwickeln aufgrund ihres Karmas unreine hellseherische Fähigkeiten, diese sind aber nicht wirkliche Hellsicht.

Höchstes Yoga-Tantra Eine tantrische Unterweisung, die die Methode beinhaltet, sexuelle Erfahrung in den spirituellen Pfad umzuwandeln. Siehe *Große Schatzkammer der Verdienste, Führer ins Dakiniland, Das Klare Licht der Glückseligkeit* und *Tantrische Ebenen und Pfade.*

Höheres Sehen Eine besondere Weisheit, die ihr Objekt klar sieht und bewahrt wird durch Ruhiges Verweilen und die besondere Geschmeidigkeit, die durch Untersuchung hervorgerufen wird. Siehe *Freudvoller Weg.*

Innere Winde Besondere Winde, die mit dem Geist verbunden sind und durch die Kanäle unseres Körpers fließen. Unser Geist kann ohne diese Winde nicht arbeiten. Siehe *Das Klare Licht der Glückseligkeit, Tantrische Ebenen und Pfade* und *Große Schatzkammer der Verdienste.*

Kadampa Eine Person, die aufrichtig Lamrim praktiziert und alle Unterweisungen Buddhas, die sie kennt in ihre Lamrim-Praxis integriert.

Karma Sanskrit-Begriff, der sich auf Handlungen und ihre Wirkungen bezieht. Durch die Kraft der Absicht führen wir mit Körper, Rede und Geist Handlungen aus, und sie alle rufen Wirkungen hervor. Die Wirkung tugendhafter Handlungen ist Glück und Zufriedenheit und die Wirkung negativer Handlungen ist Leiden. Siehe *Freudvoller Weg.*

Lamrim Wörtlich «die Stufen des Pfades». Eine besondere Zusammenstellung aller Unterweisungen Buddhas, die leicht zu verstehen und zu praktizieren ist. Sie enthüllt alle Stufen des Pfades zur Erleuchtung.

Lebewesen Siehe *Fühlendes Wesen.*

Leerheit Das Fehlen von inhärenter Existenz, die endgültige Natur aller Phänomene. Siehe *Herz der Weisheit, Freudvoller Weg* und *Ozean von Nektar.*

Lojong Siehe *Geistesschulung.*

Mahayana Sanskrit für «Großes Fahrzeug», der spirituelle Pfad zur großen Erleuchtung. Siehe *Freudvoller Weg* und *Sinnvoll zu betrachten.*

Mantra Wörtlich «Geistesschutz». Das Mantra beschützt den Geist vor gewöhnlichen Erscheinungen und Vorstellungen. Siehe *Herz der Weisheit, Führer ins Dakiniland* und *Tantrische Ebenen und Pfade.*

Neun Ebenen des geistigen Verweilens Neun Ebenen der Konzentration, die zum «Ruhigen Verweilen» führen. Es sind: Verweilen des Geistes, Beständiges Verweilen, Wiederverweilen, Nahes Verweilen, Kontrollieren, Befrieden, Vollständiges Befrieden, Einsgerichtetheit und Verweilen im Gleichgewicht. Siehe *Sinnvoll zu betrachten, Freudvoller Weg* und *Das Klare Licht der Glückseligkeit.*

Nichttugendhafte Handlungen Die zehn nichttugendhaften Handlungen sind: Töten, Stehlen, sexuelles Fehlverhalten, Lügen, trennende Rede, verletzende Rede, leeres Geschwätz, Begehrlichkeit, Böswilligkeit und falsche Sichtweisen. Siehe *Freudvoller Weg* und *Sinnvoll zu betrachten.*

Reines Land Eine reine Umgebung, in der es kein echtes Leiden gibt. Es gibt viele Reine Länder. Tushita z.B. ist das Land von Buddha Maitreya, Sukhavati das Reine Land von Buddha Amithaba und Dakiniland oder Keajra das Reine Land von Buddha Vajrayogini. Siehe *Führer ins Dakiniland* und *Herzjuwel.*

Reinigung Im allgemeinen jede Praxis, die zur Erlangung eines reinen Körpers, reiner Rede und reinem Geist führt. Genauer ist es eine Praxis, um negatives Karma zu reinigen. Siehe *Freudvoller Weg, Das Bodhisattva-Gelübde, Allumfassendes Mitgefühl* und *Führer ins Dakiniland.*

Ruhiges Verweilen Eine Konzentration, welche die besondere Glückseligkeit der Geschmeidigkeit von Körper und Geist besitzt und die durch die Vollendung der neun Ebenen des geistigen Verweilens erlangt wird. Siehe *Das Klare Licht der Glückseligkeit, Freudvoller Weg* und *Sinnvoll zu betrachten.*

Sangha Gemäß der Vinaya-Tradition jede Gemeinschaft von vier oder mehr vollordinierten Mönchen. Im allgemeinen können Ordinierte oder Laien, welche die Bodhisattva-

oder tantrischen Gelübde abgelegt haben, auch als Sangha bezeichnet werden.

Sechs Vollkommenheiten Die Vollkommenheit des Gebens, der moralischen Disziplin, der Geduld, des Bemühens, der geistigen Stabilisierung und der Weisheit. Sie werden Vollkommenheiten genannt, weil sie durch Bodhichitta motiviert sind. Siehe *Freudvoller Weg, Sinnvoll zu betrachten, Das Bodhisattva-Gelübde* und *Ozean von Nektar.*

Segnungen Die Umwandlung unseres Geistes durch die Inspiration der heiligen Wesen – wie unseres Spirituellen Meisters, der Buddhas und Bodhisattvas – von einem negativen zu einem positiven Zustand, von einem unglücklichen zu einem glücklichen, von Schwäche zu Stärke.

Selbst-Wertschätzung Eine Geisteshaltung, die uns selbst für wertvoll oder wichtig hält. Sie wird als das wesentliche Objekt angesehen, das Bodhisattvas aufgegeben müssen. Siehe *Allumfassendes Mitgefühl, Freudvoller Weg* und *Sinnvoll zu betrachten.*

Sich veränderndes Leiden Für samsarische Wesen ist jede Erfahrung von Glück oder Annehmlichkeit, die aus den Vergnügen Samsaras entsteht sich veränderndes Leiden, weil diese Erfahrungen verunreinigt sind und die Natur von Leiden haben. Siehe *Freudvoller Weg.*

Siebenfache Ursache und Wirkung Eine Methode um Bodhichitta zu erzeugen. Zuneigungsvolle Liebe wird dabei hauptsächlich durch die Erkenntnis, daß alle Lebewesen unsere Mütter sind und die Erinnerung an ihre Güte entwickelt. Siehe *Freudvoller Weg* und *Sinnvoll zu Betrachten.*

Spiritueller Meister Jeder Lehrer, der uns entlang dem spirituellen Pfad führt. Siehe *Freudvoller Weg, Große Schatzkammer der Verdienste* und *Herzjuwel.*

Stufen des Pfades Siehe *Lamrim.*

Überlieferungslinie Eine Reihe von Unterweisungen, die von Lehrer zu Schüler weitergegeben worden ist, wobei jeder Guru eigene Erfahrung in den Unterweisungen gewonnen hat, bevor er sie weitergab.

Vajra Das Sanskritwort «Vajra» bedeutet im allgemeinen unzerstörbar wie ein Diamant und gewaltig wie ein Blitzschlag. In Zusammenhang mit dem Geheimen Mantra bedeutet es die Untrennbarkeit von Methode und Weisheit. Siehe *Tantrische Ebenen und Pfade.*

Vajra-Haltung Die perfekte Haltung mit gekreuzten Beinen. Buddha Shakyamuni ist auf dem Einband dieses Buches in dieser Haltung abgebildet.

Verblendung Ein geistiger Faktor, der aus unangemessener Aufmerksamkeit entsteht und der die Funktion hat, den Geist unfriedlich und unkontrolliert zu machen. Es gibt drei Hauptverblendungen: Unwissenheit, Anhaftung und Haß. Aus diesen entstehen alle anderen Verblendungen, wie Neid, Stolz, verblendeter Zweifel. Siehe auch *intellektuell gebildete Verblendungen* und *angeborene Verblendungen.* Siehe *Freudvoller Weg* und *Den Geist verstehen.*

Verdienst Das Glück, das durch tugendhafte Handlungen geschaffen wird. Es ist die potentielle Kraft, unsere guten Qualitäten zu vermehren und Glück zu erzeugen.

Verwirklichung Eine stabile und nichtfehlerhafte Erfahrung eines tugendhaften Objektes, die uns unmittelbar vor Leiden schützt.

Vollendungsstufe Verwirklichungen des Höchsten Yoga-Tantras, die durch die Vollendung einer besonderen Methode erlangt werden, die bewirkt, daß die Winde in den Zentralkanal eintreten, darin bleiben und sich auflösen. Siehe *Das Klare Licht der Glückseligkeit, Tantrische Ebenen und Pfade, Große Schatzkammer der Verdienste* und *Führer ins Dakiniland.*

Wachsamkeit Ein geistiger Faktor, der eine Art von Weisheit ist, die die Aktivität unseres Körpers, unserer Rede und unseres Geistes untersucht und weiß, ob sich Fehler entwickeln oder nicht.

Wunderkräfte Siehe *Hellsicht*.

Wunscherfüllendes Juwel Ein legendäres Juwel, das jeden Wunsch gewährt.

Zwischenzustand «Bardo» auf tibetisch. Der Zustand zwischen Tod und Wiedergeburt. Er fängt in dem Augenblick an, wo der Geist den Körper verläßt, und hört in dem Augenblick auf, wo der Geist in den Körper des nächsten Lebens eintritt. Siehe *Freudvoller Weg* und *Das Klare Licht der Glückseligkeit*.

Bibliographie

Geshe Kelsang ist ein sehr angesehener Meditationsmeister und Gelehrter der buddhistischen Mahayana-Tradition, die von Je Tsongkhapa gegründet wurde. Er lebt seit 1977 in England und hat seitdem unermüdlich daran gearbeitet, den reinen Buddhadharma im Westen aufzubauen. Während dieser Zeit hat er ausführliche Unterweisungen über die wichtigsten Schriften des Mahayanas gegeben. Diese Unterweisungen sind zum größten Teil bereits in Englisch und anderen Sprachen veröffentlicht worden und bilden eine umfassende Darstellung der wichtigsten Übungen aus Sutra und Tantra im Mahayana-Buddhismus. Die Bücher Geshe Kelsangs sind zum Teil bereits in Deutsch erhältlich oder werden zur Zeit übersetzt.

Bücher

Allumfassendes Mitgefühl Ein Kommentar zur *Geistesschulung in sieben Punkten* des Bodhisattvas Chekhawa.

Buddhismus in der tibetischen Tradition Ein Leitfaden für den tibetischen Buddhismus.

Das Bodhisattva-Gelübde Die essentiellen Übungen des Mahayana-Buddhismus.

Das Klare Licht der Glückseligkeit Ein Kommentar zur Mahamudra-Praxis im Vajrayana-Buddhismus.

Den Geist verstehen (*Lorig*) Eine Erklärung der Natur und der Funktionen des Geistes.

Einführung in den Buddhismus Eine Erklärung der buddhistischen Lebensweise.

Freudvoller Weg Die Stufen des Pfades zur Erleuchtung.

Führer ins Dakiniland Ein Kommentar zur Praxis des Höchsten Yoga-Tantras der Ehrwürdigen Vajrayogini.

Große Schatzkammer der Verdienste Ein Kommentar zur Praxis der *Darbringung an den Spirituellen Meister* (*Lama Chöpa*).

Herz der Weisheit Ein Kommentar zum *Herz-Sutra.*
Herzjuwel Ein Kommentar zur essentiellen Praxis der Neuen Kadampa-Tradition.
Ozean von Nektar Ein Kommentar zu Chandrakirtis *Leitfaden zum Mittleren Weg*
Sinnvoll zu betrachten Die Lebensweise des Bodhisattvas.
Tantrische Ebenen und Pfade Wie man in den Vajrayana-Pfad eintritt, auf ihm fortschreitet und ihn vollendet.

Sadhanas

Geshe Kelsang überwacht auch die Übersetzung einer Reihe wichtiger Sadhanas. Die Folgenden sind bereits veröffentlicht:

Avalokiteshvara Sadhana Gebete und Bitten an den Buddha des Mitgefühls.
Befreiung von Leid Gebete und Bitten an die einundzwanzig Taras.
Das Bekenntnis des Bruches der moralischen Disziplin des Bodhisattvas Die Reinigungspraxis aus dem *Mahayana-Sutra der drei höheren Anhäufungen.*
Dakini-Yoga: Vajrayogini Sadhana der sechs Sitzungen Der Guru-Yoga in sechs Sitzungen in Verbindung mit der Selbsterzeugung als Vajrayogini.
Essenz des Glücks Gebete für die sechs vorbereitenden Übungen für die Meditation über die Stufen des Pfades zur Erleuchtung.
Essenz des Vajrayanas Die zusammengefaßte Bedeutung des Vajrayana-Mahamudras und Gebete für die Bitten an die Gurus der Überlieferungslinie.
Fest der großen Glückseligkeit Vajrayogini Selbsteinweihungs-Sadhana
Große Mitfühlende Mutter Die Sadhana von Arya Tara.
Große Befreiung der Mutter Vorbereitende Gebete für die Mahamudra-Meditation in Verbindung mit der Vajrayogini-Praxis.
Die Große Mutter Eine Methode für das Überwinden von Widerständen und Hindernissen durch das Rezitieren des *Sutras der Essenz der Weisheit* (*Herz-Sutra*).
Die Hunderten von Gottheiten des Freudvollen Landes Der Guru-Yoga von Je Tsongkhapa.
Die Kadampa-Lebensweise Essentielle Übungen der Neuen Kadampa-Tradition.

Herzjuwel Der Guru-Yoga von Je Tsongkhapa in Verbindung mit der zusammengefaßten Sadhana seines Dharma-Beschützers.

Medizin-Guru Sadhana Eine Methode, um Bitten an die Versammlung der sieben Medizin-Gurus zu richten.

Meditation und Rezitation des Vajrasattva.

Klangvolle Trommel siegreich in allen Richtungen Das ausführliche Erfüllungs- und Wiederherstellungsritual des Dharma-Beschützers, des großen Königs Dorje Shugdän, in Verbindung mit Mahakala, Kalarupa, Kalindewi und anderen Dharma-Beschützern.

Darbringung an den Spirituellen Meister (*Lama Chöpa*) Eine besondere Guru-Yoga-Praxis der Tradition Je Tsongkhapas.

Gebete für die Meditation Kurze vorbereitende Gebete für die Meditation.

Ein reines Leben Die Praxis, die acht Mahayana-Grundsätze abzulegen und einzuhalten.

Der schnelle Pfad Eine kurze Praxis von Heruka-fünf-Gottheiten gemäß der Tradition von Meister Ghantapa.

Der schnelle Pfad zur großen Glückseligkeit Vajrayogini Selbsterzeugungs-Sadhana.

Schatzkammer der Weisheit Die Sadhana des Ehrwürdigen Manjushri.

Tropfen des essentiellen Nektars Eine besondere Fasten- und Reinigungspraxis in Verbindung mit Avalokiteshvara mit elf Gesichtern.

Wunscherfüllendes Juwel Der Guru-Yoga von Je Tsongkhapa in Verbindung mit der Sadhana seines Dharma-Beschützers.

Der Yoga von Buddha Amitayus Eine besondere Methode, um Lebenszeit, Weisheit und Verdienste zu vergrößern.

Eine aktuelle Liste der Veröffentlichungen erhalten Sie von:

Tharpa Verlag
Dennlerstr. 38
CH-8047 Zürich

Studienprogramme

Geshe Kelsang hat drei Studienprogramme entwickelt, die auf seinen Büchern basieren: das Allgemeine Programm, das Grundlagenprogramm und das Lehrerausbildungsprogramm. Sie sind entwickelt worden, um die Wünsche der Menschen zu erfüllen, die Buddhismus systematisch studieren und dadurch ihre Erfahrungen in den wichtigsten Übungen vertiefen wollen.

Das **Allgemeine Programm** bietet eine grundlegende Einführung in buddhistische Sichtweise, Meditation und Handlung sowie verschiedene Unterweisungen aus Sutra und Tantra.

Das **Grundlagenprogramm**, das auf fünf Büchern von Geshe Kelsang basiert, dauert etwa vier Jahre. Die Klassen bestehen aus Lesungen, Unterweisungen, Pujas, Meditationen und Diskussionen. Es ist möglich, sich für jeweils nur ein Thema einzuschreiben. Jedes Thema wird mit einer Prüfung abgeschlossen.

Das **Lehrerausbildungsprogramm** ist für diejenigen entworfen worden, die sich als authentische Dharma-Lehrer schulen wollen. Dieses Programm dauert sieben Jahre und basiert auf elf Büchern von Geshe Kelsang. Um sich als Dharma-Lehrer zu qualifizieren, müssen die Teilnehmer alle elf Texte studieren und zu jedem der elf Themen Prüfungen bestehen, außerdem müssen bestimmte Kriterien bezüglich Benehmen und Lebensführung erfüllt werden und verschiedene Meditations-Retreats abgeschlossen werden.

Diese drei Programme werden an den Zentren der Neuen Kadampa-Tradition in der ganzen Welt gelehrt. Alle Zentren stehen unter der spirituellen Leitung von Geshe Kelsang. Für Adressen wenden Sie sich bitte an:

Für den deutschsprachigen Raum:
Tharpa Verlag
Dennlerstr. 38
CH-8047 Zürich

International:
Manjushri Centre
Conishead Priory
Ulverston, Cumbria
LA12 9QQ
England

Weitere Bücher von Geshe Kelsang Gyatso:

FREUDVOLLER WEG

Die Stufen des Pfades zur Erleuchtung

Die Stufen des Pfades (tib. Lamrim) sind die Essenz der Lehre Buddhas. Die ursprüngliche Darlegung wurde im 11. Jahrhundert von Atisha verfasst, dem grossen indischen Meister des Buddhismus. Er vereinigte geschickt die ganze Lehre Buddhas in einer vollständigen und einheitlichen Reihenfolge. Er stellte sie in einer Form dar, die leicht zu verstehen und zu praktizieren ist und die so konzipiert ist, dass sie die Praktizierenden zur vollen Erleuchtung führen kann.

Freudvoller Weg ist einer der klarsten und ausführlichsten Lamrim-Kommentare in deutscher Sprache. In Übereinstimmung mit der reinen ungebrochenen Tradition, die von Atisha an zeitgenössische Meister wie Geshe Kelsang Gyatso überliefert wurde, bewahrt er die vollständige Echtheit der ursprünglichen Lehre und ist doch ideal für den Praktizierenden der heutigen Zeit. Er zeigt praktische Methoden auf, um den Geist umzuwandeln, und Frieden und Glück für einen selbst und für andere zu finden.

Der Kommentar enthält genaue Ratschläge, wie der Geist auf die Meditation vorbereitet wird und führt den Praktizierenden durch jede der aufeinanderfolgenden Stufen. Er zeigt deren Zweck und wie jede von ihnen zu einer neuen Ebene der geistigen Entwicklung führt. Auf diese Weise gibt Geshe Kelsang eine strukturierte und praktische Darlegung des Pfades zur Erleuchtung. Er ermöglicht es der Leserin und dem Leser, die essentielle Bedeutung der Lehre Buddhas zu verstehen und sie im täglichen Leben anzuwenden.

SINNVOLL ZU BETRACHTEN

Ein Kommentar zu Shantidevas
Leitfaden für die Lebensweise eines Bodhisattvas

Eine revidierte Fassung des höchst angesehenen Kommentars zu Shantidevas klassischem Meisterwerk in Versform, das in den letzten 1200 Jahren die Basis der Praxis des Mahayana Buddhismus in Indien und Tibet bildete. Auf direkte und leicht zugängliche Art geschrieben, erklärt dieses Buch, wie die höchst altruistische Motivation eines Bodhisattvas entwickelt und aufrechterhalten wird und wie die eigentliche Praxis, die zur vollen Erleuchtung führt, im täglichen Leben ausgeübt wird. "Ein buddhistisches Werk, auf das man nicht verzichten kann."

HERZ DER WEISHEIT

Ein Kommentar zum
Herz-Sutra

Ein klarer und ausführlicher Kommentar zu einem der populärsten und wichtigsten Texte des Mahayana Buddhismus über Leerheit – der endgültigen Natur der Wirklichkeit. In Übereinstimmung mit der mündlichen Tradition, die dem Autor überliefert wurde, wird sowohl die ausdrückliche wie die implizite Bedeutung des Sutras enthüllt. Diese wird in Verbindung gebracht mit den Übungen der fünf Mahayana Pfade, die zur vollen Erleuchtung führen. "Für den ernsthaften Schüler des Buddhismus .... dürfte es schwierig sein, ein besseres Buch zu finden."

ALLUMFASSENDES MITGEFÜHL

Ein Kommentar zur
Geistesschulung in sieben Punkten
des Bodhisattvas Chekhawa

Eine ausgezeichnete Einführung in die Schulung des Geistes und die Unterweisungen der Umwandlung im Mahayana Buddhismus. Sie basiert auf dem berühmten Meisterwerk in Versform von Geshe Chekhawa. Geshe Kelsang zeigt die eigentlichen Methoden auf, wie der Geist von allumfassendem Mitgefühl entwickelt wird. Er erklärt in allen Einzelheiten, wie jede Lebenssituation, auch die schwierigste, dazu benützt werden kann, unser gewohntes selbstsüchtiges Verhalten in echte liebevolle Gefühle und Sorge für andere umzuwandeln.